NÃO QUERO TER FILHOS

BRUNA MAIA

e ninguém tem nada com isso

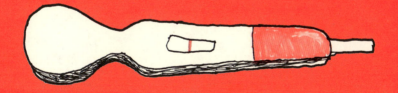

COLABORAÇÃO DE PESQUISA:
NANDA DUARTE

Diretor-presidente: Jorge Yunes
Gerente editorial: Cláudio Varela
Editora: Ivânia Valim
Assistente editorial: Isadora Theodoro Rodrigues
Suporte editorial: Nádila Sousa, Fabiana Signorini
Coordenadora de arte: Juliana Ida
Gerente de marketing: Renata Bueno
Analistas de marketing: Anna Nery, Juliane Cardoso, Daniel Moraes
Estagiária de marketing: Mariana Iazzetti
Direitos autorais: Leila Andrade
Coordenadora comercial: Vivian Pessoa

Não quero ter filhos
© 2023, Companhia Editora Nacional
© 2023, Bruna Maia

Todos os direitos reservados. Nenhuma parte desta obra pode ser reproduzida ou transmitida por qualquer forma ou meio eletrônico, inclusive fotocópia, gravação ou sistema de armazenagem e recuperação de informação sem o prévio e expresso consentimento da editora.

1ª edição — São Paulo

Preparação de texto: Fernanda Costa
Revisão: Claudia Vilas Gomes, Luiza Cordiviola
Ilustrações de capa e miolo: Bruna Maia
Projeto gráfico de capa, miolo e diagramação: Valquíria Chagas

---

DADOS INTERNACIONAIS DE CATALOGAÇÃO NA PUBLICAÇÃO (CIP) DE ACORDO COM ISBD

M217n   Maia, Bruna
             Não quero ter filhos / Bruna Maia. - São Paulo, SP : Editora Nacional, 2023.
             280 p. ; 14cm x 21cm.

             ISBN: 978-65-5881-174-9

             1. Feminismo. 2. Não-maternidade. 3. Comportamento. I. Título.

2023-2568   CDD 305.42
                                                                               CDU 396

Elaborado por Vagner Rodolfo da Silva - CRB-8/9410

Índice para catálogo sistemático:
1. Feminismo 305.42
2. Feminismo 396

Rua Gomes de Carvalho, 1306 - 11º andar - Vila Olímpia
São Paulo - SP - 04547-005 - Brasil - Tel.: (11) 2799-7799
editoranacional.com.br - atendimento@grupoibep.com.br

INTRODUÇÃO 07

CAPÍTULO 01
MAS O QUE É SER MÃE? E NÃO SER MÃE?
27

CAPÍTULO 02
PENSO, LOGO SOU MULHER
41

CAPÍTULO 03
O DELÍRIO DO ESSENCIALISMO BIOLÓGICO
49

CAPÍTULO 04
ROMANTISMO PARECE GOSTOSINHO, MAS É UMA ARMADILHA
65

CAPÍTULO 05
SER MÃE E ESPOSA É TRABALHO. SER MARIDO É DAR TRABALHO
85

CAPÍTULO 06
O ILUMINISMO SÓ ILUMINOU A VIDA DOS HOMENS (BRANCOS)
103

CAPÍTULO 07
OS HOMENS FIZERAM A MEDICINA ADOECER AS MULHERES
119

CAPÍTULO 08
FREUD TINHA MUITA INVEJA DO CLITÓRIS
131

CAPÍTULO 09
A GENTE NÃO QUER SÓ COMIDA, A GENTE QUER COMIDA. JUSTIÇA REPRODUTIVA E ABORTO LEGAL
143

CAPÍTULO 10
CONGELE SUA JUVENTUDE, NÃO PERCA ESSA OPORTUNIDADE!!!
167

CAPÍTULO 11
AS BARBIES TRANSAM, AS AMIGAS TOMAM VINHO. E AS MÃES NÃO TÊM TEMPO?
177

CAPÍTULO 12
NÃO QUERO PASSAR ADIANTE O LEGADO DA NOSSA MISÉRIA
189

CAPÍTULO 13
SE NÃO QUISERMOS MUDAR O MUNDO, DE QUE ADIANTA SERMOS FEMINISTAS?
219

CONCLUSÃO
NÃO TEMOS O DESEJO DE SER MÃES E NINGUÉM TEM NADA COM ISSO
241

POSFÁCIO
255

CADERNO DE REFERÊNCIAS
267

ÀS QUE NÃO QUEREM,
ÀS QUE QUEREM,
ÀS QUE AINDA NÃO SABEM SE QUEREM,
ÀS QUE QUEREM PODER QUERER OU NÃO QUERER.

INTRODUÇÃO

no dia 3 eu fiz 33 anos e no dia seguinte meu presente foi realizar um SONHO

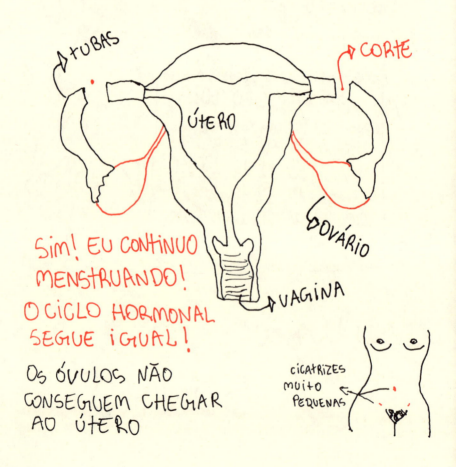

NÃO TINHA FILHOS E NEM VONTADE DE TER. Nenhuma dúvida acerca do meu desejo de não ser mãe. Nenhum medo de mudar de ideia. Minha decisão de não ter filhos se mantém firme desde os 8 anos de idade e não houve nada, nenhum argumento, sentimento ou medo da solidão que me fizesse querer a maternidade.

Não, eu nunca achei que, se eu "encontrasse o homem certo", o amor da minha vida, eu iria querer trazer ao mundo o fruto de nosso amor. Toda vez que me falavam esse tipo de coisa, eu ficava muito intrigada. Desde criança me parecia bastante óbvio que se as mulheres só tivessem filhos com "homens certos" a humanidade já teria acabado há muito tempo. Para falar a verdade, não achava nenhum ser humano muito certo da cabeça naquela época.

Nunca tive a ilusão de que filhos ajudassem as pessoas a terem bons casamentos. Meus avós maternos tiveram seis filhos e não viveram felizes para sempre. Eles se divorciaram na década de 70 e, até onde sei, a felicidade nunca tinha reinado naquele lar. Os relatos de minha mãe envolvem sempre brigas, um comportamento cruel da parte de minha avó para com os filhos e bastante omissão da parte de meu avô a respeito das violências cometidas por ela. Motivo, aliás, pelo qual nunca comprei a ideia de que a feminilidade andava de mãos dadas com a doçura.

A tia materna da qual mais gosto também teve uma filha e se divorciou pouco tempo depois. Quando eu tinha 12 anos, meus pais se separaram – e fiquei contente quando isso aconteceu, porque eles claramente não estavam se dando muito bem – então, foi muito natural concluir que casamentos não são eternos, divórcios podem ser necessários e cuidar de filho é um troço que sempre sobra para as mulheres. Adivinha com quem eu fiquei depois da separação dos meus pais? Quem tinha que lidar com os perrengues relacionados à minha saúde ou educação? Com quem ficava a maioria das crianças quando a união conjugal terminava?

O cinismo com relação à vida familiar despontou cedo demais em mim. E isso ficou claro lá pela quinta série, durante um exercício de interpretação de texto da aula de língua portuguesa. Lemos um poema de Mário de Andrade chamado *A serra do rola-moça*. Nele, um casal volta da cerimônia de casamento em um cavalo e a noiva despenca precipício abaixo. Termina assim:

Ah, Fortuna inviolável!
O casco pisara em falso.
Dão noiva e cavalo um salto
Precipitados no abismo.
Nem o baque se escutou.
Faz um silêncio de morte,
Na altura tudo era paz...
Chicoteando o seu cavalo,
No vão do despenhadeiro
O noivo se despenhou.

E a serra do Rola-Moça
Rola-Moça se chamou.

(UM POEMA MUITO SENSÍVEL PRA DISCUTIR CASAMENTO COM PRÉ-ADOLESCENTES)

12

O livro didático propunha uma discussão sobre a importância da celebração de núpcias. Eu fui a única aluna que disse que era uma festa desnecessária cujos custos poderiam ser gastos com viagens. Além do que, as pessoas não precisavam se casar para morar juntas ou viver um amor. A professora se chocou que uma aluna de colégio católico com apenas 12 anos pensasse assim. Eu não entendia como ninguém me entendia. Algumas colegas ficaram deveras ofendidas e perturbadas com minha resposta. Uma delas chegou a ficar com a voz trêmula, dizendo que "era um momento inesquecível e muito importante". Confesso que tinha um pouco de medo de apanhar dela. Anos depois, ela se casou com um lindo vestido, parecia extremamente alegre e fiquei feliz por ela e por mim. Tínhamos cada uma seguido os desejos de infância, aparentemente.

O mesmo espanto acontecia quando eu dizia que não queria ter filhos e era a favor do aborto. Meninos e meninas não concebiam como alguém poderia não desejar esse destino. Achavam que abortar era pecado – e soube que algumas das que pensavam assim abortaram antes mesmo de completarem o ensino médio. Todos eles diziam que um dia eu iria mudar de ideia.

Meu primeiro namorado, por sua vez, era condescendente comigo quando eu demonstrava ojeriza pelo ato de gestar, parir e maternar. Ele e seu melhor amigo diziam bobagens como:

Até hoje não compreendo de onde homens tiram tanta certeza sobre a personalidade e o destino das mulheres. Ou melhor, compreendo sim, é a tal da construção de gênero que está por trás disso. Claramente, ele projetava em mim um querer que era só dele. Teve filhos há alguns anos e parece contente, espero que ele não venha a competir com os rebentos.

Nenhuma dessas coisas alterou minha resolução. Algo que facilitou muito foi a constatação de que ser diferente era algo que me dava prazer. Além disso, meus planos incluíam ir embora do estado, e não pretendia continuar convivendo com essas pessoas. Logo, a opinião delas me era irrelevante.

Não me importaria, tão pouco, em desafiar minha família a esse respeito. Por sorte, não foi necessário, ninguém insistiu ou me pressionou. Minha mãe compreendia muito bem o meu desejo, tanto que nunca me pressionou para ter filhos. Quando deixei claro que não os teria e que faria uma laqueadura, o máximo que ela me disse foi:

Comentário competitivo? O comum desejo materno de que os filhos realizem aquilo que elas não puderam realizar porque estavam muito ocupadas sendo mães? Penso que nada disso. Vejo como uma confissão do desejo que ela teve de não reproduzir com os filhos o que sua mãe fazia com ela. Por mais que suas explosões de raiva tenham me causado traumas, ela, sem dúvida, fez o que pôde para ser diferente da minha avó, que era abusiva e negligente.

Nessa ocasião, disse para minha mãe que eu tinha muitas outras coisas para fazer na vida antes de sequer começar a cogitar ser uma mãe melhor que ela ou que qualquer outra mãe – e ela prontamente compreendeu. Enquanto isso, meu pai dizia que adorava crianças e queria netinhos, mas, como ele nunca foi um exemplo de responsabilidade, não via nenhum motivo para conceder essa graça a ele. Os amigos que fiz dentro e fora da faculdade também não estavam hiperfocados em formar famílias naquele momento de suas vidas.

Depois que saí do Rio Grande do Sul e me mudei para São Paulo, foi natural que fizesse amizades que não viam estranheza na minha decisão. Ok, alguns ficaram surpresos que eu estava disposta a ir tão longe nesse ímpeto a ponto de fazer uma cirurgia, mas nenhum cogitou me dissuadir.

Alguns homens com quem me envolvi, mesmo os que não queriam ou diziam não querer ser pais, ficavam confusos quando percebiam que o meu não desejo era muito mais forte do que o deles. A sociedade incutiu nos homens a ideia de que **TODAS AS MULHERES** estão **DESESPERADAS** para **ENGRAVIDAR DELES**, mesmo que eles não tenham nenhuma qualidade redentora ou condições de ser pais minimamente razoáveis. Com um deles tive o seguinte diálogo, que inspirou um trecho do meu romance *Com todo o meu rancor*[1]:

Mais um rapaz que estava projetando em mim um desejo que era dele. E tenho certeza de que boa parte das mulheres que estão lendo este livro já tiveram que lidar com homens projetando nelas o desejo deles. Seja a vontade de namorar, morar junto, se casar ou ter filhos. É uma projeção tão intensa que nos faz acreditar que realmente desejamos essas coisas mesmo que não as queiramos, ou não as queiramos com aquele homem específico. Isso nos faz pensar que somos carentes demais, desesperadas demais, mesmo quando estamos envolvidas com um mau-caráter.

É uma construção de gênero que reforça a ideia de que o casamento é *game over* para homens, uma coisa que só acontece porque uma mulher insistiu tanto a ponto de fazê-lo desistir da maravilhosa vida de solteiro. É muito cômodo viver nesse delírio, sem admitir que o casamento é um ótimo negócio para eles. Nessa estrutura, eles saem da casa da mãe, que muitas vezes cuida de tudo, e migram imediatamente para um lar com esposas que farão a mesma coisa – e vão até transar com eles. Essa é a mesma construção que faz muitas acreditarem que precisam ser mães, mesmo que algo dentro delas diga que não é isso que querem.

NÃO QUERO TER FILHOS — BRUNA MAIA

PAUSA PARA UM ESCLARECIMENTO!

nem todo homem!

O SUPER-NEM TODO HOMEM É MAIS RÁPIDO QUE UMA EJACULAÇÃO PRECOCE!!!

ELE SURGE DO NADA TODA VEZ QUE UMA MULHER RECLAMA DE MASCULINIDADE, ASSÉDIO, VIOLÊNCIA E CARGA MENTAL PARA DIZER QUE ELE NÃO É ASSIM PORQUE ELE ESTÁ MUITO PREOCUPADO EM TORNAR TUDO SOBRE SI E GARANTIR QUE ELE É BONZÃO. ELE NEM OUVE O QUE TEMOS A DIZER PORQUE ELE, NO FUNDO, NÃO TÁ NEM AÍ PRA ISSO. POSSO GARANTIR QUE O HOMEM QUE DIZ NEM TODO HOMEM[I] TEM EXATAMENTE O COMPORTAMENTO QUE ESTÁ SENDO CRITICADO.

SE VOCÊ POR ACASO É UM HOMEM QUE ESTÁ LENDO ESSE LIVRO E ESTÁ SE SENTINDO ESPECIAL POR LER UM LIVRO ESCRITO POR UMA MULHER SOBRE UM TEMA QUE MUITOS CONSIDERAM "DE MULHER" MAS É UM TEMA DE TODA SOCIEDADE SAIBA QUE:

Nem todo homem, mas sempre um homem.

[I] NEM SEMPRE, POIS É POSSÍVEL QUE SE TRATE DE UMA PESSOA TRANS OU NÃO BINÁRIA QUE SEGUE REPRODUZINDO COMPORTAMENTOS TÍPICOS DA MASCULINIDADE CISHETERO NORMATIVA, PORÉM, TRABALHAREMOS COM O DADO DE QUE A IMENSA MAIORIA É COMPOSTA DE HOMENS CIS.

INFELIZMENTE MUITAS MULHERES PERCEBEM QUE O CASAMENTO NÃO É UM SONHO DOURADO E QUE O PRÍNCIPE ENCANTADO É UM SAPO TARDE DEMAIS E SE VEEM SUFOCANDO ALGUNS PENSAMENTOS:

E TEM OUTROS PENSAMENTOS COMPARTILHADOS POR VÁRIAS MULHERES, QUE SÃO MAIS DIFÍCEIS DE DEIXAR VIR À TONA

Nos últimos anos, tem havido um esforço de alguns veículos de mídia ou mesmo perfis em mídias sociais criados especificamente para expor o desconforto de mulheres com a maternidade[2]. Uma reclamação constante é a perda de identidade, como se as fronteiras entre elas e os filhos se borrassem, como se de indivíduo elas passassem a ser apenas mães e nada mais.[3]

Outras contam sobre a necessidade de desistir dos próprios sonhos e o cansaço constante por não poder contar com a participação do genitor da criança ou por não ter uma rede de apoio para ajudar com as tarefas de cuidado, ou mesmo poderem desabafar sem julgamentos.

Apesar de os males do casamento e da maternidade estarem sendo cada vez mais evidenciados nas redes sociais e na cultura pop, mulheres sem filhos ou que não os querem ainda se veem pouco representadas e taxadas como infelizes e incompletas, quase uma aberração. Há as que se sentem, como eu, acolhidas por um grupo de amigos e pela família ou que, pelo menos, não estão nem aí para a opinião dos parentes. Porém, há as que se veem julgadas, pressionadas e silenciadas, loucas para gritar muito alto e deixar bem claro que ninguém pode pautar seus desejos.

Tamanha foi a minha surpresa quando, na fase de pesquisa para este livro, solicitei no meu Instagram e no meu Twitter que mulheres enviassem relatos sobre por que não querem ter filhos. A minha caixa de mensagens explodiu e foi impossível responder a todas como gostaria. A solução foi criar um formulário on-line, que teve mais de 1.900 respostas em 48 horas. Entre os dias 7 de novembro de 2022 e 28 de julho de 2023, o número de respostas chegou a 2.337.

Foi quase uma obra do acaso, pois não esperava receber tantos relatos e não havia planejado fazer um formulário, que gerou um material precioso, que explicita diferentes motivos e vivências que pesam nessa decisão.

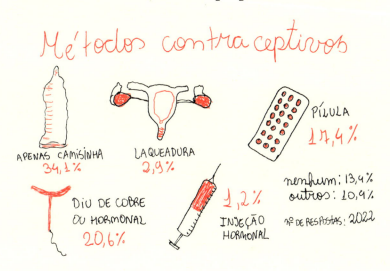

Métodos contraceptivos

APENAS CAMISINHA 34,1%
LAQUEADURA 2,9%
PÍLULA 17,4%
DIU DE COBRE OU HORMONAL 20,6%
INJEÇÃO HORMONAL 1,2%
nenhum: 13,4%
outros: 10,9%
nº DE RESPOSTAS: 2022

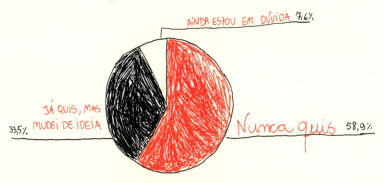

Em relação a ter filhos, eu:

AINDA ESTOU EM DÚVIDA 7,6%
JÁ QUIS, MAS MUDEI DE IDEIA 33,5%
Nunca quis 58,9%
nº DE RESPOSTAS: 2330

Arranjo relacional

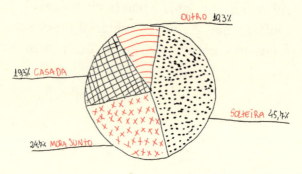

OUTRO 10,3%
19,3% CASADA
SOLTEIRA 45,7%
24,7% MORA JUNTO

Nº DE RESPOSTAS: 2292

Local de moradia

FORA DO BRASIL 7,6%
NORTE 1,6%
4,6% BRASIL*
NORDESTE 11,8%
14,7% SUL
CENTRO-OESTE 5,2%
SUDESTE 54,4%

* BRASIL SE REFERE A PESSOAS QUE NÃO DECLARARAM O ESTADO DE MORADIA.

Nº DE RESPOSTAS: 2337

Orientação Sexual

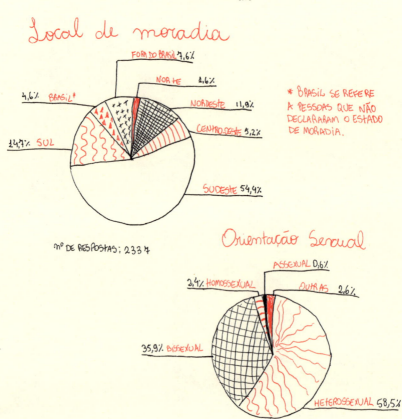

ASSEXUAL 0,6%
2,4% HOMOSSEXUAL
OUTRAS 2,6%
35,9% BISSEXUAL
HETEROSSEXUAL 58,5%

Nº DE RESPOSTAS: 2305

Idade

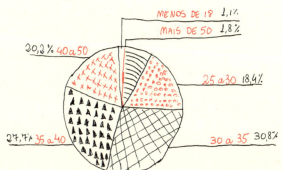

nº DE RESPOSTAS: 2334

Raça/cor/etnia

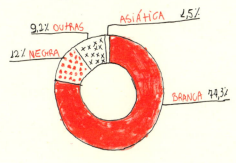

nº DE RESPOSTAS: 2331

Escolaridade

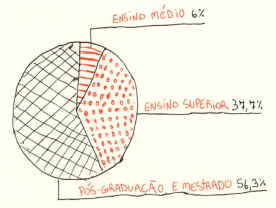

nº DE RESPOSTAS: 2329

Eu e a pesquisadora Nanda Duarte[4], que colaborou com a pesquisa para este livro e me orientou na busca por pensadoras e pensadores que elaboraram sobre o tema, escolhemos entre as respondentes 19 mulheres cisgêneras e um homem transgênero para dividir suas histórias, motivações e desejos a respeito da não maternidade. Todos os relatos contribuíram para dar corpo ao texto e são fios condutores deste livro, que se converteu em um ensaio não ficcional com elementos de reportagem. Ao tratar de escolas de pensamentos e pensadores canônicos, partimos de um recorte e de um enquadramento específico: o respectivo posicionamento deles em relação às mulheres e à maternidade. Nesse sentido, as análises que propomos aqui, ainda que amplamente embasadas, são propositadamente reducionistas.

Nos depoimentos, busquei ser o mais fiel possível ao jeito de falar de cada entrevistada. Optamos por usar nomes fictícios para evitar a identificação das pessoas. Também incluímos os dados referentes à idade, à raça, ao gênero, à profissão e ao estado de nascimento, que são importantes para a discussão proposta e para entender como essas questões influenciam a relação delas com a não maternidade. Além das mulheres cisgêneras (que se identificam com o gênero que lhes foi atribuído ao nascimento), ouvi a interessante perspectiva de um homem transgênero, que pode gestar, mas nunca o quis.

Conversei com pessoas que se recusam a engravidar, pois têm pavor da ideia de gestar. Outras que têm quase certeza de que não querem ter filhos. E as que definitivamente não querem ser mães. Mas não é tudo a mesma coisa? Os relatos provam que não é tão simples assim. O meu desejo enquanto autora é fazer com que essas pessoas se sintam acolhidas, saibam que não estão sozinhas e possam buscar maneiras de saber o que realmente querem e como chegar lá. O trabalho de contação de histórias, seja por meio de reportagens, romances ou quadrinhos, vem me mostrando que narrativas empoderam a partir do momento que elaboram questões pessoais e sociais.

Muitas vezes temos a sensação de que algo está ali, mas não conseguimos nomeá-lo, explicá-lo, torná-lo tangível. Essa incapacidade de materializar sensações e pensamentos contribui para a sensação de solidão e isolamento. Ao saber que muitos dos nossos "fantasmas" têm nome e não são exclusivos, começamos a vislumbrar as ferramentas individuais e coletivas para exorcizá-los.

Quando perguntamos sobre maternidade, uma série de experiências se confundem: gestar, parir, amamentar, cuidar, cuidar sem parir, gestar e parir sem cuidar, arranjos afetivos que incluem cuidado, passar por tudo com ou sem amor, se responsabilizar ou não...

Nos relatos, todas essas coisas também aparecem misturadas, como parte do entendimento sobre o que é maternidade na perspectiva das pessoas entrevistadas. Mas uma das intenções deste livro é justamente provocar: será que a ideia que temos sobre "ser mãe" não se trata de UMA FORMA muito específica de "ter filhos"? Como chegamos a isso e a que custo? A quem serve este papel? Qual a finalidade?

Para nos aventurarmos por todas essas questões, o feminismo é fundamental, principalmente porque os homens cisgêneros não são interpelados com tanta intensidade. E é por isso que estamos diante de uma questão de gênero: ser ou não ser mãe importa tanto porque se trata de definir o lugar certo ou o inconveniente para uma mulher. Por isso, durante o livro, me refiro às mulheres. Entendo que o peso da maternidade recai especialmente sobre mulheres cis, e é uma maneira de controle sobre suas vidas.

Contudo, isso não significa que não tenha repercussões sobre outras identidades de gênero que desejam ou não ter filhos, como pessoas trans e não binárias, que enfrentam ainda outros desafios além dos costurados pela maternidade. Por isso, também busquei ouvi-las a esse respeito. Estou cada vez mais convencida de que a inconformidade que se estabelece entre mulheres cis, homens trans ou não binários pode ser pólvora contra o sistema de gênero que, entre outras coisas, tenta incutir a maternidade compulsória como destino comum a pessoas muito distintas.

CAPÍTULO 01

×××××××

MAS O QUE É SER MÃE? E NÃO SER MÃE?

"SEMPRE PENSO NO ALIEN CRESCENDO NA MINHA BARRIGA"
Marina, 27 anos, advogada, branca, Rio Grande do Sul

Eu divido minha rotina em poucas funções, mas que me consomem muito. Atendimento a clientes, flagrantes, audiências, petições. Quando não estou fazendo isso, estou cozinhando, assistindo a televisão e passeando com meu cachorro. Moro com o meu namorado, que também é advogado e tem uma rotina parecida com a minha. Trabalho de 10 a 12 horas por dia e meu hobby é assistir a séries de true crime.

Na minha família há vários casos de óbitos por causa de gestações. Minha avó paterna faleceu no parto do meu pai e desde pequena lembro de ir ao seu túmulo no Dia de Finados. Minha mãe teve dois abortos e o segundo quase matou ela por causa de uma hemorragia interna, o feto estava crescendo na trompa. Ela tem uma cicatriz enorme, em todo o abdômen, porque teve que fazer um procedimento invasivo de limpeza da cavidade toráxica. Nunca vi ela sem essa cicatriz, foi apenas depois disso que ela me teve e, depois, mais um filho. Descobri que minha bisavó e tataravó morreram em partos.

Acho que em algum momento alguém da minha família fez mal para uma grávida e ela rogou uma praga, e isso ficou mais evidente para mim quando minha irmã engravidou, teve pré-eclâmpsia e precisou fazer uma cesárea de emergência aos sete meses de gravidez.

Meu namorado tem um filho de 3 anos e 8 meses que não foi planejado. Ele tem a guarda compartilhada e não tem planos de ter mais filhos. O meu problema é a gestação, é gerar a criança, sempre penso no alien crescendo na minha barriga. Apesar desse problema com a gestação, tenho o desejo de ser mãe e ajudo com a criação do meu enteado. As funções de cuidado são bem distribuídas, por exemplo, se eu faço a comida, meu namorado dá banho... Eu gosto bastante do menino, sinto que ele e meu namorado são a minha família.

Ninguém colocou em mim o desejo de não gerar. Minha mãe nunca teve problema com isso porque vivenciou uma gestação traumática. Nem meu pai. Mas isso aumentava a carga para minha irmã fazer um netinho. Depois que a minha irmã teve um filho e quase morreu, começou a entender muito mais o meu sentimento, tanto que ela já fez laqueadura. Sou grata a minha família porque eles entendem e, mesmo tendo me dado uma educação tradicional, formal e rígida, e frequentarem a igreja, não me cobram essas coisas.

Algumas pessoas ficam perguntando se eu não vou dar um irmãozinho para o meu enteado. Talvez eu até adote, mas não vou gerar. O estigma dos deveres da mulher na Serra Gaúcha é muito forte. A mulher tem que engravidar e dar filhos pro marido, a sociedade diz que tem que amamentar por, no mínimo, oito meses. Se teu bebê nasceu de cesárea não tá bom, se não amamenta não tá bom. Ninguém consegue atingir a perfeição sendo mulher.

Só param de me questionar e insistir dizendo que vou mudar de ideia quando conto minha história e mostro um rastro de sangue enorme. Mesmo assim, depois de cinco minutos, a pessoa olha pra mim e diz: "tu sabe que hoje tem mais tecnologia, né?".

O PRIMEIRO RELATO QUE TRAGO é da gaúcha Marina, para quem a gestação vem carregada de traumas familiares. Além da indelicadeza e insistência das pessoas que cobram de Marina que ela dê um irmão ao filho de seu companheiro, como se um bebê fosse um objeto a ser ofertado, o que chama a atenção em seu relato é que seu desejo de não gestar não coincide com não querer cuidar de uma criança, tanto que ela já faz parte da rede de cuidados de uma.

Marina ocupa uma posição mais comum do que se imagina, tendo em vista que muitas crianças são cuidadas também por tias, avós e madrastas. Contudo, ela não considera que o fato de amar e participar da criação do filho de seu companheiro a transforme em mãe, não é assim que ela se enxerga.

Vamos começar com um exercício de pensamento: imagine uma mesa. A mesa que você quiser.

Como é essa mesa? Quadrada e dobrável como aquelas de boteco? Retangular, onde cabe uma família inteira para jantar no Natal? Oval como a de um escritório? Ela tem um computador em cima e você a usa para trabalhar?

Ou serve só para refeições? Ela tem quatro pernas? Apenas um pé central que sustenta a parte de cima? Ou está presa na parede? É de madeira, acrílico, mármore, metal?

Se você começar a descrever uma mesa, é muito possível que todas as definições acabem caindo por terra, porque é difícil encontrar a essência de uma mesa, uma que contemple todas as mesas. No entanto, se você vir uma mesa, provavelmente vai saber que é uma mesa, e a grande maioria das pessoas vai concordar que aquilo é uma mesa.

Parece papo de quem está imerso em fumaça alucinógena, mas estou tentando resumir uma questão importante em diferentes ramos do pensamento humano, como a linguagem, a fenomenologia, a semiótica e, inclusive, a sociologia. Definir conceitos é uma tarefa muito mais difícil do que parece. Imaginando conceitos como um círculo, a parte central é consideravelmente sólida, mas, quanto mais nos aproximamos das bordas, mais elas vão ficando difusas e rarefeitas, se interseccionando com outros círculos.

É quase impossível pensar a realidade sem ter esse fenômeno em conta. Porém, existe o risco de você se perder nessa ideia e virar uma absolutista do relativismo. Aquela pessoa chatíssima que, no meio de uma discussão bastante pragmática sobre como combater notícias falsas, levanta a mão e diz:

A pessoa pode achar que está abalando ao propor uma discussão sobre conceitos, que de fato têm lugar importante na construção de pensamento, mas, nessa situação, está apenas sendo insuportável e atrapalhando o avanço da pauta. A realidade e a verdade podem ser definidas de muitas formas, mas, no dia a dia, sabemos claramente que a notícia de que o governo está distribuindo mamadeiras em formato de pênis nas creches é mentira.

Digo isso porque pretendo trazer questionamentos a cada capítulo, mas sem cair para um relativismo absolutamente inútil. Parto de algumas definições e juízos de valor bem objetivos: violência sexual é ruim, violência doméstica é sempre errada, consentimento nas relações sexuais é sempre bom, sobrecarga materna nunca é legal, abandono parental é péssimo e não vai ter questionamento filosófico que me fará abrir mão dessas premissas.

Porém, vamos questionar algumas coisinhas: o que é uma mãe? O que define uma mãe como mãe? A quem interessa dizer que as mães são um conceito monolítico? Mães sempre foram mães do jeito que são mães hoje?[5]

Façamos o mesmo exercício da mesa. Mãe é a pessoa que concebe um bebê no seu útero? Não, caso contrário, mães adotivas não seriam mães, mulheres trans não poderiam maternar, e todas as mulheres que gestam bebês para outras pessoas e não cuidarão deles no futuro seriam mães. Mãe é quem cuida? Nem toda mãe cuida. Mãe é dotada de um instinto irrefreável de ninar uma criança e nutri-la? Mãe é a personificação do amor incondicional?

Essas perguntas e reflexões importam porque existem muitas maneiras de ser ou de não ser mãe, e outras tantas a respeito da expectativa do que é ser ou não ser mãe, e algumas delas ficaram muito evidentes à medida que fui escrevendo. A visão que as mulheres têm sobre maternidade e sobre a não maternidade varia bastante, individualmente e coletivamente. Quando se introduz questões de raça, classe, região do país, escolaridade e religião nessa discussão, os matizes ficam muito diferentes.

Para muitas mulheres pobres, a maternidade significa um marcador social que as sobrecarrega em níveis extremos e muitas vezes as impede de acumular capital, estudar e sair da condição de pobreza. Paradoxalmente, trata-se da promessa de uma certa forma de conquistar, ao menos em tese, determinados direitos. Entre mulheres de classe mais alta, a maternidade pode ser um entrave ao crescimento profissional – que pode ou não ser resolvido por meio da contratação de serviços. Para muitas mulheres, independentemente do grupo social em que se encaixam, o desejo ou o não desejo de ser mãe também passa por questões íntimas e vivências pessoais.

Também existem alguns sentidos predominantes que forjam uma certa imagem coletiva da maternidade, principalmente no pensamento ocidental, mas que é muito mais mutável ao longo do tempo do que se imagina. Apesar de existirem muitas maneiras de viver ou não viver essa experiência, somos expostas a uma ideia de maternidade universal que nos aprisiona. Se o arquétipo universal da mãe inclui dedicação à vida doméstica, nutrição, cuidado, amor incondicional, renúncia e sacrifício, uma versão atualizada dele ainda mantém tudo isso sem abrir mão do trabalho, seja por ambições profissionais, seja por sustento.

Por mais difícil que seja definir o que é uma mãe, as mães são bastante definidas pela sociedade. São seres que amam incondicionalmente, que cuidam abnegadamente, que doam sem pedir nada em troca – ou, pelo menos, deveriam.

> **UMA DAS COISAS QUE UNE ESSA CATEGORIA MÃE É JUSTAMENTE A CARGA E A PRESSÃO SOCIAL SOBRE AS MULHERES QUE ENTRAM NESSA CATEGORIA, OU QUE A SOCIEDADE ACHA QUE DEVERIAM SE ENQUADRAR NESSA CATEGORIA. E NEM SEMPRE ELAS ESTÃO OU SE ENQUADRAM NESSA CATEGORIA. QUANDO, POR EXEMPLO, VOCÊ FICA GRÁVIDA, NÃO IMPORTA SE VOCÊ SE SENTE MÃE OU NÃO, SE VOCÊ JÁ SE TORNOU OU NÃO SE TORNOU MÃE, SE VOCÊ VAI DOAR SEU FILHO, SE SEU FILHO VAI MORRER, O QUE VAI ACONTECER, TODO MUNDO JÁ TE TRATA COMO MÃE.**
>
> **MARÍLIA MOSCHKOVICH**

Mas colocando essa definição em relação à materialidade da vida das mães, o que temos como resultado é menos um conceito e mais uma tensão. As mães que não se encaixam nas definições sentem a alma ser carcomida por um ideal impossível de se alcançar. As mulheres que amam e cuidam sem serem mães, e tampouco querem essa identidade, se veem num limbo do qual é difícil escapar.

Por outro lado, o que é uma mulher sem filhos e que não exerce nenhum papel de cuidado? Uma megera incapaz de amar. Uma coitada que não consegue engravidar. Uma aberração biológica. Uma não mulher, uma pessoa que está indo contra a natureza ao se negar a gestar, a parir, a lactar e a criar um filho. Uma tola, iludida, que ouvirá o chamado do útero para conceber um bebê a qualquer momento. Socialmente, uma egoísta.

Mal sabem eles que o útero e a gestação não são tão fundamentais assim para exercer a maternidade. É possível cuidar e amar alguém, com menor ou maior grau de abnegação e sacrifício, exercendo quase todos os papéis sociais atribuídos às mães sem nunca ter engravidado. Assim como é possível gestar, parir e não ser mãe, como acontece nos casos das pessoas que realizam a entrega voluntária para adoção[II] ou as que praticam gravidez solidária[III] para outras pessoas. Há ainda as chamadas "barrigas de aluguel" nos países que permitem a monetização da função.

[II] A entrega voluntária de recém-nascidos para adoção é um procedimento legal no Brasil, incluído no Estatuto da Criança e do Adolescente (ECA), pela Lei 13.509, de 2017, chamada de "Lei da Adoção".

[III] Não há lei que regulamente a gestação de substituição ou "barriga solidária". A prática encontra-se descrita em uma norma do Conselho Federal de Medicina (resolução CFM 2.168/17), que explicita que a "cessão temporária do útero" não pode ter caráter lucrativo ou comercial.

É comum a crença de que a gestação é uma programação biológica da qual as mulheres não conseguem escapar porque um suposto relógio biológico "apita". Diante desse "fato científico" que não passa de uma mentira deslavada, pessoas que querem gestar, mas não podem, se sentem incompletas, e pessoas que podem gestar, mas não querem, sentem que há algo de errado com elas.

Dentre as mulheres e as pessoas que podem gestar que responderam ao formulário para este livro, muitas abominam a ideia de engravidar e as mudanças que isso pode causar em seus corpos. A ideia de alguma coisa crescendo dentro de sua barriga, fazendo os ossos e os órgãos mudarem de lugar lhes provoca arrepio. O caso específico de Marina é ainda mais dramático por ser permeado pelo histórico familiar de adoecimentos e mortes.

As mortes que marcaram a sua história fazem parte de um problema de saúde pública que deveria envolver uma discussão ainda muito invisibilizada: a resistência da categoria médica a perguntar às gestantes sobre qual o risco que elas estão dispostas a correr durante a gestação. Esse tema é abordado na reportagem de Morgani Guzzo para o Portal Catarinas, que conta a história por trás da morte de Elineide, uma mulher de 42 anos,[6] que morreu em um hospital do Rio Grande do Norte após uma sequência de negligências. Mesmo diante do diagnóstico de uma síndrome que inviabilizaria a vida do bebê fora do útero e colocava em risco a vida de Elineide, ela não teve garantido o direito ao aborto legal em tempo oportuno e acabou morrendo em decorrência de algo evitável. A reportagem conclui que é recorrente no tratamento de gestantes, tanto pelo sistema de saúde quanto pelo judiciário, o "anulamento da mulher como sujeito e o não reconhecimento de seus desejos e direitos".

Outro tipo de relato que apareceu nos formulários envolve o medo de o corpo ficar "feio" por causa do estiramento da pele, do ganho de peso, do aumento dos seios e de outras marcas típicas do processo de gravidez. Para mim, é impossível não me identificar com esses relatos tendo sido adolescente nos anos 2000, ainda mais no Rio Grande do Sul. Nesse lugar infeliz do espaço-tempo, a pressão estética para ser muito magra era tão intensa que me levou à anorexia, a ideia de engravidar me causava pânico também porque poderia "estragar" ainda mais um corpo que eu já considerava "estragado". Mesmo pesando menos de 55 quilos e tendo os ossos saltados, eu me considerava gorda e tinha profunda vergonha das celulites que apareceram na adolescência.

E o fato de meninas e mulheres serem, ao mesmo tempo, pressionadas para ficar magérrimas e engravidar era algo que me dava um nó na cabeça. E tais imposições seguem presentes até hoje. Cada vez que uma celebridade engravida, é cobrado dela que volte a ter um corpo perfeito e tonificado pouco depois de o bebê nascer.

A mulher recém-parida que está magra, com seios empinados e sem olheiras vira mais um ideal inatingível. A quem está no puerpério se impõe mais um terror, que é o de nunca mais se encaixar em um padrão excludente de beleza. Ao mesmo tempo que a gestação é vista como um desejo feminino e que o corpo grávido desperta interesse e intromissão, o corpo da parturiente desperta repulsa. Como Marina diz em seu relato:

CAPÍTULO 02

PENSO, LOGO SOU MULHER

"QUANDO A PESSOA TEM FILHO E SE ARREPENDE VÃO DIZER 'VOCÊ É UMA PÉSSIMA MÃE', QUANDO NÃO TEM DIZEM QUE VOCÊ É EGOÍSTA"

Cássia, 33 anos, trabalhadora sexual, branca, Bahia

Sou de uma família católica de classe média alta, com raízes no sertão da Bahia. Moro numa casa com privacidade no interior do estado. Aqui tenho mais liberdade de fazer coisas, pois sou cam girl e profissional do sexo. A família não sabe e nem vai saber.

Já trabalhei em uma livraria e fiz trabalho voluntário com pessoas cegas, época em que tive acesso a muitos livros e pessoas da área de ciências sociais. Lia para mim mesma e para pessoas cegas, praticava dicção e respiração. Foi uma época em que eu tinha uma vida ativa e produtiva. Depois de ser demitida, procurei empregos. Eu estudava licenciatura em teatro e não obtive retorno dos currículos que enviei. Em 2017, comecei o trabalho sexual e prossegui por muitos anos. Minha família acha que não faço nada, preciso arranjar meios de não ser flagrada.

Gosto de passar muito tempo sozinha, tenho interesses muito restritos, tenho uma vida medíocre, mediana, nada de mais, gosto de estudar astrologia tradicional bem antiga. Converso com amigos, gosto de ciências humanas e ocultismo. Gosto de ficar muito isolada aprendendo sobre as coisas que eu gosto.

Eu sofria bullying na escola e fui uma criança que absorveu isso de não querer casar e não querer ter filhos. Não sei se é uma coisa de vidas passadas, eu fui tendo uma certa aversão a esses dogmas sociais. É como se fosse obrigação, lei, regra:

casar e ter filhos. Isso me causou muita raiva, me parece que a gente não foi nem treinada para pensar.

Dizem que todas as mulheres querem ser mães, mas eu não quero. É uma esquizofrenia coletiva, porque quando a pessoa tem filho e se arrepende vão dizer "por que você teve filho? Você é uma péssima mãe". Quando não tem, dizem que você vai se arrepender, é frigida, é egoísta. O nível de burrice está aumentando a cada ano que passa, deve ser algo que botam na água! Você faz indagações e não sabem responder. Um cara me disse que toda mulher quer ser mãe e eu disse: "você vai me engravidar e cuidar do nosso filho?". Ele não soube responder.

A mulher não se autofecunda, mas é como se o homem fosse isento de responsabilidade, só precisa jorrar o esperma. Em cinco minutos, se ele tiver ejaculação precoce, em até uma hora se ele for mais ou menos bom. Aí se levanta e vai embora. Falam de mães narcisistas, não falam de pais narcisistas.

Não sou monogâmica, estou sempre solteira e gosto da vida que tenho, ninguém me enche o saco. Não sou muito paciente, tem dias que acordo sem muita empatia, tem dias que acordo antissocial. Às vezes eu transo ali com um cara, beleza, cada um na sua, a vida continua. Pessoas com temperamento como o meu, meio colérico, meio sanguíneo, eu não recomendo que tenham relacionamentos monogâmicos e que tenham filhos.

Meus clientes favoritos são comprometidos porque não vão largar suas namoradas e esposas para ficar comigo. O mais fidelizado de todos é psicólogo, eu conheço a esposa dele, ele tem duas filhas. É curioso o quanto você percebe que a sociedade é hipócrita.

POR MAIS DISCUTÍVEIS QUE OS CONCEITOS DE MÃE, de não mãe e de mulher sejam, há uma imposição social muito clara de como essas pessoas são ou devem ser. O que muita gente não sabe é que esses conceitos não são fixos e não estão aí desde sempre. A visão de que ser cuidadora é um destino biológico da mulher é relativamente recente na história da humanidade e que exige um trabalho incessante para se manter. Mulheres são bombardeadas com prescrições exaustivas de comportamento que vêm de todos os lados: revistas, filmes, novelas, família e igreja, para citar alguns.

Quando ela diz que "parece que a gente não foi nem treinada para pensar", demonstra ter uma percepção muito correta do lugar que as mulheres foram forçadas a ocupar nos últimos séculos. Pedras fundamentais da cultura ocidental contemporânea, como a Antiguidade clássica, o Iluminismo e a psicanálise, são fatores estruturantes da feminilidade que conhecemos hoje. Antes de prosseguir, acho importante rejeitar um argumento burro que já ouvi de homens tentando nos convencer de que nossa vida é boa.

Zé Palestra ataca novamente

"A SOCIEDADE OCIDENTAL JUDAICO-CRISTÃ É MUITO MELHOR PARA MULHERES QUE AS NÃO OCIDENTAIS."

CHATO CHATO CHAAATO CHATOOO CHATO CHATO CHATO

Essa fala é obtusa pelo simples fato de que "ser melhor que" não significa ser bom. Não estou interessada em viver em um mundo horrível e me contentar com isso porque poderia ser pior. Há sociedades em que mulheres têm menos direitos políticos e sociais do que na ocidental? Sim, elas existem, mas não são todas, pois a diversidade sempre foi a única regra quando se trata de cultura. Sendo uma mulher ocidental e latino-americana e tendo pesquisado esse contexto, é a partir dele que falarei.

Podemos começar pelo Renascimento, um dos grandes marcos oficiais da sociedade ocidental, à qual me refiro, quando as poucas mulheres a quem era permitido praticar a arte da pintura não podiam pintar nus, o que as impedia de praticar a observação da anatomia, essencial para produzir quadros com figuras humanas. É raro ouvirmos falar das poucas que conseguiram desafiar essa norma, pois elas foram relegadas ao esquecimento. Um caso que se tornou emblemático é o da pintora barroca Artemisia Gentileschi, contemporânea a Caravaggio e dotada de uma técnica excepcional.

No século 17, ela foi a primeira mulher a ser aceita na Academia de Belas Artes de Florença. Apesar de seu talento e vasta produção, durante muito tempo, Artemisia foi uma nota de rodapé nos livros de história da arte, nada além de um fato curioso. Falava-se mais do estupro do qual foi vítima, perpetrado por um outro pintor que era amigo de seu pai, do que das obras que havia produzido. Apenas no século 20, já na década de 70, que suas obras começaram a ser visibilizadas e ela se tornou um nome caro ao feminismo. Mesmo nos dias atuais, Artemisia é lembrada como uma "artista mulher" e não goza do privilégio de muitos homens de serem apenas "artistas" e não "artistas homens".

Mulheres também foram proibidas de acessar as universidades e, salvo uma ou outra exceção histórica, só começaram a frequentar graduações, às custas de muita briga, no fim do século 19, vide As Sete de Edimburgo, um grupo de mulheres que conseguiu se matricular na Universidade de Edimburgo em 1869 – e, ainda assim, a justiça não permitiu que elas se formassem. Em 1876, depois de o caso ganhar interesse público, o Reino Unido passou a permitir que mulheres estudassem medicina. No Brasil,

Maria Augusta Generoso Estrella foi a primeira mulher a se formar nesse curso, em 1881.

Na Idade Média europeia, as mulheres eram detentoras do conhecimento médico. Boa parte das que foram perseguidas, e até mesmo queimadas como bruxas, eram pessoas com conhecimento sobre o corpo humano e as ervas medicinais, os remédios disponíveis na época. A caça às bruxas foi, entre outras coisas, um esforço para expropriar das mulheres o saber médico e transformar essa área em um campo dominado por homens.

Já no campo político, o direito ao voto das mulheres só foi conquistado em 1920 nos Estados Unidos, sendo que mulheres negras só tiveram pleno acesso a esse direito em 1962. No Brasil, nos foi autorizado votar em 1932. E, mesmo diante de toda essa história de cerceamentos e proibições, muitos homens – e algumas mulheres – terão a desfaçatez de atribuir o ínfimo número de mulheres na lista de gênios da arte, da ciência e da política à biologia e à natureza.

CAPÍTULO 03

O DELÍRIO DO ESSENCIALISMO BIOLÓGICO

> "A SOCIEDADE COLOCA NAS MULHERES ISSO DE SER MAIS SUBMISSA, MAIS EDUCADA, DE TER QUE SE PORTAR. EU NUNCA ME IDENTIFIQUEI."
> Thais, 33 anos, desenvolvedora, negra, São Paulo

As coisas femininas nunca me apeteceram muito. Não sei quando percebi isso, acho que não faz tanto tempo. Não tenho tanto apego a gênero em coisas como roupas, adornos, maquiagem, essas coisas que são feitas no salão de beleza, como cabelo, unhas e cílios. Em relação ao comportamento, a sociedade coloca nas mulheres isso de ser mais submissa, mais educada, de como se portar. Com essa questão da maternidade não me identifico também, dizem que se você não quer ser mãe, um dia vai sentir vontade, porque é intrínseco e instintivo. Eu não vejo dessa forma.

A ideia de gestar está fora de cogitação para mim, é algo que não aconteceria comigo de nenhuma maneira. Com isso, vem toda uma questão de como a mulher é vista quando está grávida. Por ser uma pessoa negra, você já sofre algumas violências.[IV] Imagino que parir seja algo bem violento, porque você está vulnerável. E, antes disso, acho que essa mudança no meu corpo seria algo irreversível.

Sempre me relacionei com mulheres e já passou pela minha cabeça ter um filho, mas sem gestar um filho. A pessoa que

---

[IV] Thais nos informa sobre uma questão crucial sobre maternidade/não maternidade: a vivência das mulheres racializadas é bastante distinta das mulheres brancas e permeada por muito mais barreiras e violências.

estava comigo queria, e eu acabei cedendo a essa ideia, mas com o tempo descobri que não era o que eu queria, que era uma influência dela. Não teria feito por mim. Se tivesse acontecido, eu não teria me sentido preparada.

É muito necessário ter uma estrutura que eu não poderia ter. Meu foco é crescer na carreira, não sei se conseguiria me dividir entre essas coisas. Hoje eu moro com a minha mãe, minha ideia seria comprar uma casa, conquistar mais independência. Tudo na minha vida acaba sendo muito planejado, até ter um cachorro, que é minha responsabilidade, foi bastante pensado, é algo que demanda de mim, então acho que uma criança não seria legal.

Antes, eu era analista de suporte, e é uma área em que é difícil crescer. Acabei virando desenvolvedora por isso. É uma área totalmente masculina, todos os ambientes de trabalho em que já estive eram, no mínimo, 70% masculinos. Já aconteceu de eu participar de uma entrevista de emprego e um entrevistador comentar com o outro que a maioria do time era de homem. O outro disse: "você está sendo gentil, é praticamente todo". Eles perguntaram se eu me incomodaria de trabalhar em um ambiente de maioria masculina. Eu disse que não, mas eles acabaram não me chamando, apesar de eu ter ido bem em todas as quatro fases do processo.

TODA VEZ QUE UM HOMEM começar uma frase com "o homem é caçador e a mulher é coletora" pode ter certeza de que ele vai derivar daí a desculpa pela qual não vai lavar a louça. Ou mesmo a desculpa de por que ele traiu a namorada com 128 pessoas, mas não aceita tomar um chifre. Ou, nos piores e mais trágicos casos, ele usará essa desculpa asquerosa para justificar algum assédio ou violência sexual cometido por ele ou por algum amigo seu.

Esse pensamento tolo encontra eco no ramo da psicologia evolucionista, área dominada por pseudocientistas engajados em justificar qualquer comportamento social com secreção de hormônios e instintos animais como fome, medo e reprodução. Para eles, toda experiência humana se resume a um amontoado de genes e hormônios interagindo entre si para que os indivíduos perpetuem seu próprio genoma e, por consequência, a espécie.

Eu poderia escrever um livro listando todas as palhaçadas já propagadas por esses homens que projetam na humanidade toda a sua própria existência infeliz e dotada do único propósito de "jorrar esperma por aí". Mas, felizmente, Susan McKinnon já o fez em *Genética*

neoliberal: uma crítica antropológica da psicologia evolucionista.[7] Nele, a autora traz exemplos de sociedades que contrariam as imbecilidades desses pensadores (se é que dá para se referir a eles assim) e aponta que os pressupostos deles refletem apenas o modo de pensar da época vitoriana, e não a vasta e diversa cultura humana.

Na lógica desses tolos, os homens querem se reproduzir o máximo possível e sua função no casal é proteger a fêmea. Já as mulheres, cujo ciclo reprodutivo não lhes permite sair por aí disparando células reprodutivas, são biologicamente talhadas para parir, nutrir e dar cuidado em troca da proteção do macho.

Eles também garantem que homens são melhores em cálculos e em outros ramos da ciência, e esse é o motivo pelo qual mulheres são tão poucas em áreas das ciências exatas e tecnologia, que, coincidentemente, dão muito dinheiro.

UMA CURIOSIDADE É QUE A CRIAÇÃO DO PRIMEIRO ALGORITMO, FERRAMENTA FUNDAMENTAL DA PROGRAMAÇÃO, É ATRIBUÍDA A UMA MULHER: Ada Lovelace.

Na década de 60, funcionárias mulheres da NASA foram as responsáveis por cálculos essenciais que levaram o primeiro estadunidense a orbitar a Terra em uma nave – muitas eram negras, chamadas de "computadores humanos" e ganhavam menos do que as colegas brancas, além de não serem vistas como geniais. Na época, esse era um trabalho chato e inferior, que não estava à altura dos engenheiros homens e deveria ser delegado.

Quando a programação passou a ser uma área com boa remuneração e prestígio, as mulheres passaram a ser vistas como muito burras para entender aqueles números e códigos, e hoje precisam lutar para conseguir espaço nesse campo.[8] E sempre um homem equivocado surge para justificar que as mulheres têm mais dificuldade de conseguir emprego e aumento de salário porque homens são biologicamente melhores em matemática. Tadinhos. Se não desprezassem tanto as ciências humanas, saíssem dos fóruns on-line de psicologia evolucionista e estudassem o mínimo de história da própria profissão, morderiam a língua.

A psicologia evolucionista é apenas uma de várias narrativas completamente ficcionais que têm o objetivo de justificar por quais motivos os homens não precisariam se dedicar à função do cuidado e por que mulheres têm não só que se devotar a essa função, como fazê-la de forma não remunerada. Ela tem o verniz de ciência, ainda que não seja. Outras narrativas vêm disfarçadas de filosofia, religião, espiritualidade, e falarei mal de tantas quanto me for possível neste livro.

Diante de tantas regras definindo o que é o feminino e o masculino, é esperado que um número considerável de pessoas não se identifique com nenhum dos dois lados, como é o caso de Thais. Durante a entrevista, ela usou o pronome feminino para falar de si, mas deixou claro que queria apenas existir sem responder a "funções" e padrões de comportamento exigidos das pessoas de acordo com o sexo biológico.

O que me leva ao relato de Marcelo, único homem transgênero que respondeu ao formulário. Assim como Thais, ele não se identifica com o gênero que lhe foi atribuído no nascimento, mas, diferentemente dela, ele se identifica com um dos gêneros, o masculino.

"SER PAI É ALGO QUE EU DESEJO."
Marcelo, 22 anos, estudante de psicologia, branco, São Paulo

Eu tinha 16 anos e ia fazer um book para ser modelo. Tinha saído para comprar salto alto. Eu percebi que não tinha para onde correr e, com a caixa de sapatos na mão, dentro do carro, contei para o meu pai. Disse a ele que não me identificava como menina e que eu era um homem trans. Ele não entendeu, mas acolheu. Falou que era para eu não contar para a minha mãe porque ela não ia entender. Achei estranho porque ela era muito defensora dos LGBTQIA+.

Só que, um dia, meu pai contou. Jogou a bomba e foi pro banho. Ela ficou três meses sem falar comigo. Hoje em dia, ela aceita, mas deixa claro que não era o que ela queria. Em 2020, comecei a terapia hormonal, quando estavam decretando lockdown.

Comecei a ter muitas crises de ansiedade aos 14 anos, mas não tinha consciência que era por causa da transgeneridade. Um ano depois, algumas amigas se assumiram lésbicas e baixamos um app onde conheci um homem trans do Ceará e ele passou a compartilhar sua experiência comigo. A questão sexual veio depois. Primeiro me percebi no gênero para depois passar para a atração sexual. No começo, sentia atração por meninos e hoje me entendo como bissexual.

Sempre me senti outsider. Não me encaixava com as meninas, não me reconhecia dentro de mim. Eu forçava bastante a feminilidade, às vezes passava maquiagem até pra comprar pão. Mas também sempre tive trejeitos femininos, gosto de mexer com maquiagem, cabelo, gosto de fazer essas coisas para os outros. Estudo psicologia, estagio e também tiro uma renda extra como cabeleireiro. Tenho muitos hobbies, faço biscuit, gosto de cantar, dançar, desenhar, mexer com artesanato... Apesar de tirar uma renda extra como cabeleireiro, nunca fiz nenhum curso. Às vezes me veem como um homem gay.

Quando eu era menor, eu imaginava que fosse ter filhos e ser mãe, sabia que teria que ser a melhor mãe do mundo, sem espaço para erros. Eu sabia que seria obrigado a ser mãe, mas não gostava da ideia de ter que ter filho. Quando apareceu a questão de gênero e sexualidade, eu não sabia se estaria me relacionando com homem ou mulher e depois vi que existiam possibilidades na bissexualidade, inclusive a de ter filhos com alguém.

Só que, ao pensar nisso, sempre vinha a questão de gerar e eu não queria. Na transição, tive uma percepção diferente do meu corpo, e, quando imaginava a sensação de sentir alguém dentro de mim, parecia surreal, eu não queria experienciar esse momento. Acho bacana esse processo, mas imagino que não seja fácil. Pode ter uma questão de afeto, uma conexão, mas a gente sabe que tem muitas dores. A gravidez é você se descobrindo de novo em um corpo.

Passei por esse momento em que não queria em nenhum cenário porque eu tinha a ideia de que eu fosse gestar. Mas hoje isso é algo que eu desejo: ser pai. Esse cenário teria que ser discutido com a parceira ou o parceiro, tá ok se for com inseminação artificial ou barriga de aluguel. Acho que a outra pessoa não querer não seria determinante para terminar um relacionamento. Eu estou disposto tanto a ter filhos quanto a abrir mão de ter.

Enxergo a paternidade próxima do que seria a maternidade hoje. Tenho consciência de como é o papel do pai nas famílias e acho que deveria ser mais parecido com o papel da mãe, porque ninguém deveria criar um filho sozinho. Na minha família é negado às mulheres a carreira e o estudo, já os homens não têm a possibilidade de ter a faculdade interrompida porque vão ser pais. Não gostaria que essa realidade fosse negada.

Ler os relatos de Thais e de Marcelo nos oferece mais um vislumbre de como conceitos como "masculino", "feminino", "mãe", "pai" são impostos pela sociedade de forma rígida, mas encontram rebeliões profundas no aspecto individual. Enquanto Thais não se identifica com nada relativo à feminilidade, como unhas, cabelo e maquiagem, por exemplo, Marcelo não rejeita essas coisas e gosta delas. Mesmo passando pela transição de gênero, ele não se preocupa em reprimir o que é entendido como "trejeito feminino", o que o faz ser lido como um homem gay por algumas pessoas.

Isso nos leva a refletir sobre o que é gênero. Algumas correntes, como a psicologia evolucionista, são essencialistas biológicas e afirmam que todos os nossos comportamentos e instintos são resultado dos nossos hormônios e órgãos reprodutivos. Resta pouco ou nada a ser moldado pela cultura, mas nem mesmo a farta existência de indivíduos que não se encaixam nessa teoria faz seus defensores pararem de falar besteira.

Outras, como o feminismo radical, dizem que a biologia importa pouco ou nada, que nossas experiências individuais são construídas socialmente e que boa parte dos nossos destinos são determinados a partir do momento em que nos é atribuída a identificação como "homem" ou "mulher". O feminismo radical que emergiu na década de 70 se propõe a pensar o gênero como algo imposto externamente.

Feministas radicais brancas da época, como Kate Millet[9] e Shulamith Firestone,[10] trouxeram importantíssimas contribuições para pensar a posição das mulheres na sociedade e como o patriarcado age politicamente. Infelizmente, nos dias atuais, algumas mulheres identificadas como *radfem* parecem estar mais preocupadas em ser transexcludentes e passam muito tempo na internet reclamando da existência de banheiros unissex e chamando mulheres trans de homens de saia. Essa reflexão é importante para colocar em evidência a reflexão do gênero também como classe, com fortes efeitos materiais, políticos e econômicos na vida de quem nasceu e foi designada como mulher por causa do seu sexo biológico.

A corrente queer, cujo expoente de maior destaque é Judith Butler,[11] se aproxima do feminismo radical ao negar a essência inata do gênero, mas se afasta dele ao dizer que gênero é, principalmente, performativo. Com isso, abre-se espaço para a expressão da individualidade e da identidade. Permite-se à pessoa abdicar da norma binária de que quem nasceu com pênis é homem e quem nasceu com vagina é mulher, ser um, ou outro, nenhum ou fluir entre eles. Contudo, Butler não coloca a performance apenas como subjetiva, mas também como algo que é ensinado e aprendido desde cedo. A performance, frequentemente, é compulsória no sentido de que o indivíduo reproduz um comportamento cis heteronormativo sem questioná-lo.

Evidentemente há uma treta monumental entre todas essas visões e, mais uma vez, agradeço à antropóloga Susan McKinnon, desta vez por trabalhar com uma perspectiva biopsicossocial da experiência humana. Sob essa visão, tanto a biologia quanto a cultura, as estruturas sociais e as vivências únicas se juntam para compor indivíduos. Até agora, esse modo de perceber a humanidade é o que mais fez sentido para mim, e, portanto, me alinho com ele.

Nota-se que, para muitas pessoas transgêneras, as transições hormonais que modificam o corpo são importantes, assim como os estigmas ou estereótipos sociais que recaem sobre elas influenciam na sua vida. Por mais que a transgeneridade seja vista por algumas pessoas como uma questão "meramente identitária", o corpo e a sociedade também atuam sobre ela e participam da formação das experiências individuais.

O que é inegável diante disso é que, seja o que o gênero for, biológico, cultural, performativo, identitário, ou como o enxergo, uma interação entre esses aspectos, ele é muito real e tangível. Os papéis binários do que é masculino e feminino estão bem definidos, vivemos numa sociedade binária e, mesmo reconhecendo a existência de uma miríade de expressões de gênero, muitas vezes precisamos partir de conceitos binários para explicar alguns fenômenos. A maternidade e a feminilidade são conceitos que existem como tal porque a sociedade é binária e atribui a mulheres cisgêneras tudo que cerca essas palavras. Mesmo rejeitando esse binarismo, é impossível negar sua existência material.[v]

Um dos aspectos mais intrigantes da transgeneridade é colocar vários conceitos em permanente tensão. O depoimento de Marcelo traz uma série de nuances para refletirmos o que é, afinal, feminilidade, maternidade ou paternidade.

Assim como para Marina e Thais, a ideia da gestação é incômoda e até mesmo repulsiva para Marcelo. Porém, diferentemente de Thais e similarmente a Marina, a ideia de cuidar de uma criança não é um problema. Ao dizer que gostaria de ser pai, mas que não gostaria de exercer uma paternidade distante em que ficasse sobre a mãe o fardo do cuidado, levando-a até mesmo a abdicar da carreira, o próprio se questiona o que é, afinal, ser mãe ou pai.

---

[v] No posfácio deste livro, a pesquisadora Nanda Duarte aprofunda essa discussão.

Os testemunhos colhidos por mim mostram que, individualmente, ser mãe ou ser pai, ou mesmo ser homem ou ser mulher, significam coisas muito específicas para cada um. Porém, quando nos distanciamos dos indivíduos e voltamos a analisar a cultura e a sociedade, voltamos a enxergar distinções e prescrições de gênero muito claras, assim como uma definição aprisionante do que é a maternidade:

> CUIDAR amar NUTRIR
> sacrificar-se abdicar
> SER FELIZ!
> jamais jamais se ARREPENDER

Marcelo, inclusive, em momento nenhum nega a existência dessa realidade macrocultural que se contrapõe às realidades individuais: o peso dos cuidados e dos sacrifícios em geral recaem principalmente sobre as mulheres cis. Contudo, isso não é "libertador" para homens ou mulheres transgêneros, porque essas pessoas se veem muitas vezes excluídas da possibilidade de terem filhos, ou formarem famílias se assim o desejarem. O direito de não ser mãe em paz é uma reivindicação de mulheres cisgêneras, enquanto, para muitas pessoas trans e queer, é o direito de ser mãe ou pai, ou de formarem outros arranjos familiares não normativos que precisam ser discutidos.

CAPÍTULO 04

ROMANTISMO PARECE GOSTOSINHO, MAS É UMA ARMADILHA

"NÃO TENHO DESEJO, NÃO TENHO SENTIMENTOS ROMÂNTICOS POR PESSOAS, PONTO, FIM, SÓ TEM ISSO."

Jamaína, 28 anos, médica, negra, Espírito Santo

Terminei a faculdade de medicina há um ano. Trabalho em uma Unidade Básica de Saúde (UBS), que é uma área que eu gosto muito, não tenho muito apreço por hospital. Cresci no Espírito Santo, mas vim morar em Minas Gerais para estudar e nunca mais fui embora.

Eu sou aroace estrita, isso significa arromântica e assexual. Não tenho relacionamentos. Comecei a usar isso enquanto identidade tem uns três anos. Em geral, como sou mulher, a visão que as pessoas têm pelo fato de eu não ter um namorado é associada ao pensamento de "ela deve ser lésbica". Assexualidade não é muito compreendida nem dentro do movimento queer. Tenho que lidar com coisas como "isso é porque você nunca encontrou alguém" desde a adolescência. Eu sempre recusava essa ideia, mas não tinha o vocabulário para explicar por que eu não queria nada disso.

Acho que tem uma pressão externa do mundo. Tudo, absolutamente tudo que você faz, tem sexo e romance. Se você vai ler um livro ou ver um filme, os protagonistas têm que se apaixonar no final. Na fase da adolescência, quando todo mundo começa a namorar, eu não tinha esse interesse. Aí acaba ficando essa imagem de como se eu fosse ingênua, inocente, esses paradigmas da virgem e da puta.

Não tenho desejo, não tenho sentimentos românticos por pessoas, ponto, fim, só tem isso. Sentimento romântico é esse espectro de gostar de outra pessoa romanticamente, desenvolver esses sentimentos não associados ao desejo sexual em si, o desejo de estar com a pessoa, ficar com a pessoa, compartilhar coisas específicas com aquela pessoa.

O mundo todo é tão alossexual... A gente tem uma valorização muito grande tanto do amor romântico quanto do sexo, por mais que enquanto sociedade cristã a gente coloque toda essa vergonha em cima do sexo. Toda a sociedade e a maneira como a gente se organiza é em torno disso, nessa expectativa de que você, enquanto ser humano, tem que fazer sexo, tem que se casar. Qualquer sexualidade que tenha isso negado ou de forma diminuída acaba quebrando com essa lógica, com essa expectativa. As pessoas conseguem compreender melhor homossexualidade e bissexualidade do que assexualidade.

A ideia de não querer ter filhos veio muito, muito antes de qualquer entendimento de sexualidade, desde criança é uma coisa que não quero. No meu caso, não sei se as duas coisas estão relacionadas. Se eu quisesse ter uma criança, nada me impediria de adotar uma e criá-la sozinha, mas não quero.

Eu não sei dizer para você em qual momento me conscientizei disso, mas sei que, quando eu brincava de bonecas, elas não eram mães, não eram casadas. Elas eram agentes secretas. Nunca tive essa ideia de maternidade e, com o passar dos anos, continuei não tendo.

Tenho bons amigos, mas sou uma pessoa bem introvertida, que gosta de ficar sozinha. Meu momento favorito é ficar sozinha de boas, não tem nada que me atraia num relacionamento, nada que eu pense "nossa, que incrível". Leio de tudo, adoro muito livro de mistério, fantasia, ficção científica, qualquer coisa que você colocar na minha mão, estou lendo. Eu amo filme de terror, são os meus favoritos.

Sou a favor do aborto, enquanto profissional de saúde mais do que qualquer outra coisa. Atendo todo mundo, de recém-nascido até idoso e gestantes. É pesado quando eu tenho que dar um diagnóstico de gestação para alguém e ver na cara daquela pessoa que ela não quer. Algumas pessoas me perguntaram como acabar com isso e legalmente eu não posso fazer nada, me sinto mal por não poder acolher da forma como eu poderia acolher outros tipos de queixa.

Vejo de tudo quando o assunto é gravidez, os sentimentos são muito mistos. Às vezes chegam mulheres que não estavam esperando, mas que ficam superfelizes quando a gente confirma. Têm umas que ficam "não era pra rolar isso agora", mas começam a gostar da ideia ao longo da gestação. Outras nem queriam, mas sentem a perda se sofrem um aborto espontâneo. E também têm mulheres que não queriam isso, ficam muito preocupadas e receosas, olham pra mim e dizem "poxa, eu ia começar a estudar ano que vem" com a sensação de vida interrompida. Já dei esse diagnóstico para adolescentes de 14 anos e até para mulheres de 40, já casadas e com filhos. As reações sempre variam muito.

O MITO DO AMOR MATERNO, que vou abordar adiante, está intimamente relacionado com o amor romântico, os dois contribuindo juntinhos para determinar o lugar que deve ser ocupado pelas mulheres, mas sempre em função dos outros: dos homens e dos filhos.

A identidade afetiva e sexual de Janaína é bastante incompreendida, tanto que ela relata causar mais estranhamento do que outras pessoas não heteronormativas, como gays, lésbicas e queers. A assexualidade intriga pessoas que cresceram em um contexto que condena e exalta o sexo ao mesmo tempo.

Muitos assexuais não têm desejo de fazer sexo, mas gostam de se relacionar afetivamente com uma pessoa, namorar e até mesmo casar e formar família. Janaína, contudo, é também arromântica, ou seja, ela não sente essas vontades. Ela tem amigos, sente afeto por eles, mas é um amor fraterno diferente daquele que sentimos quando nos apaixonamos por alguém.

A ANTIGUIDADE GREGA NOMEAVA VÁRIOS TIPOS DE AMOR E CONSIDERO A CLASSIFICAÇÃO MUITO ÚTIL. ACHEI POR BEM EXPLICÁ-LOS:

Eros — AMOR APAIXONADO QUE PROVOCA FRIO NA BARRIGA E FAZ O CORAÇÃO BATER MAIS FORTE E O CÉREBRO PENSAR NA OUTRA PESSOA.

Philia — AMIZADE ÍNTIMA E GENUÍNA, O AMOR QUE TEMOS POR NOSSOS AMIGOS.

Ludus — FORMA DE AMOR LÚDICA, LEVE E BRINCALHONA, EM QUE DUAS PESSOAS SE DIVERTEM SEM TANTAS EMOÇÕES INTENSAS.

Storge — AMOR FAMILIAR ENTRE PAIS, FILHOS, AVÓS, PRIMOS E OUTROS MEMBROS DA MESMA FAMÍLIA.

Philautia — O MUITO NECESSÁRIO AMOR-PRÓPRIO.

Pragma — AMOR COMPANHEIRO QUE SE MANIFESTA DE FORMA PRÁTICA, COM AÇÕES.

Ágape — AMOR EMPÁTICO E PURO, QUE CONECTA AS PESSOAS COM A NATUREZA E O UNIVERSO.

ROMANTISMO PARECE GOSTOSINHO, MAS É UMA ARMADILHA

Aquela paixão louca de Eros não faz parte da vida de Janaína, e ela não deseja viver o Pragma com uma pessoa específica, ainda que possa desenvolver relações de compromisso e cumplicidade com os amigos. Ela me pareceu muito feliz, tranquila e satisfeita com a própria vida.

Contudo, a maioria das pessoas valoriza e deseja Eros e Pragma, por mais que contemporaneamente seja considerado chique viver na miséria emocional de negar esses desejos e demonstrar indiferença pelas pessoas que os despertam. Um dos motivos que leva a maioria dos humanos a gostar de vivenciar o amor Eros é a gostosa sensação de conhecer alguém, se encantar, querer estar perto etc.

Mas ele é também uma grandessíssima de uma armadilha, que vem sendo usada para ferrar com a vida das mulheres. Shulamith Firestone foi uma das filósofas que criticou a centralidade que o amor romântico assumiu em nossas vidas. Durante muito tempo, casamentos e uniões matrimoniais não tinham como base fundamental a paixão - e não estou afirmando que esse tempo era bom -, pois questões patrimoniais e a necessidade de formar uma família se sobrepunham aos frêmitos de Eros.

Para a pensadora, a dependência psicológica das mulheres em relação aos homens é calcada em bases econômicas e sociais. Porém, a incorporação das mulheres no mercado de trabalho abalou a ideia de que homens são fundamentais para a subsistência feminina. O ideal de casamento em que o homem é provedor e mulheres cuidam da casa foi apregoado pelo Iluminismo e já era bastante sólido no começo do século 20, e foi fartamente estimulado pela publicidade na década de 50, quando os anúncios de produtos incluíam uma dona de casa muito feliz. Mas, lá pelas tantas, muitas mulheres perceberam que aspiradores de pó e casamento não as faziam felizes como as modelos de propaganda. Elas passaram a assumir seus anseios de ter uma carreira que as realizasse. A incorporação feminina no mercado de trabalho deixou de ser uma contingência de cenários que assim o exigiam, como as guerras, e passou a ser uma vontade de várias delas.

Até aí, quase tudo bem.

A questão é que, diante dos avanços na independência econômica feminina, o patriarcado precisou encontrar uma outra maneira de fazer com que as mulheres quisessem se dedicar ao casamento, ao marido, ao lar e aos filhos. O Eros passou a ser mais valorizado que antes, virou um ingrediente essencial da vida e das uniões conjugais. Começou a se construir o discurso de que a mulher pode até pagar suas próprias contas e buscar sucesso na carreira, mas não estará completa se não amar loucamente um homem, casar-se com ele e parir seus filhos.

O amor Eros não é uma invenção patriarcal, mas a sua centralidade, sim. E, ao fazerem essa crítica, as feministas não querem acabar com a paixão, o encantamento e as coisas boas que esses sentimentos podem trazer. Eu mesma considero bem melhor viver em uma época em que existe a possibilidade de se unir a outrem por desejo, e não por necessidade econômica ou imposição familiar. Porém, considero lamentável que, mesmo com tantos avanços, mulheres se sintam incompletas se não estiverem constantemente tomadas por tais sentimentos e se devotando a um objeto de amor. Essa busca não se dá por obrigação externa, mas sim por conta de um mecanismo que, desde cedo, é incutido na cabeça das mulheres e que é denominado Dispositivo Amoroso pela pesquisadora e psicanalista brasileira Valeska Zanello.[12] É especialmente cruel, porque a ideia de se entregar a uma paixão parece ser apenas uma questão individual desvinculada da política e dos papéis de gênero, imune à razão, imaculada pelo intelecto.

Uma das reivindicações feministas é que a razão e a intelectualidade deixem de ser um território masculino e que a emoção e o sentimento deixem de ser atribuídos apenas às mulheres. É um dualismo que, além de reprimir mulheres com interesses intelectuais, amputa emocionalmente o homem. Se nós não fomos "treinadas para pensar", eles não foram "treinados para sentir". Deve ser horrível uma vida sem contato com um aspecto fundamental e grandioso da experiência humana, que é a complexidade das emoções.

CARMEN DA SILVA,[13] psicanalista, escritora e colunista da revista Claudia de 1963 a 1985, foi uma das principais vozes do feminismo brasileiro em sua época. Não vejo outra opção a não ser compartilhar um trecho de uma de suas colunas, pois sinto que ela expressou com mais clareza e objetividade o fenômeno do que eu poderia fazê-lo:

> O HOMEM, AFIRMA NOSSA CULTURA, É INTELIGENTE, RACIONAL, FORTE, AVESSO AO SENTIMENTALISMO E À SENSIBILIDADE, VOLTADO PARA FORA, EMPREENDEDOR, COMPETITIVO, INCLINADO À LUTA, AO DOMÍNIO, À CONQUISTA DE PRESTÍGIO E AUTOAFIRMAÇÃO.
> À MULHER, POR SUA VEZ, CABERIAM AS VIRTUDES DA INTUIÇÃO, DA SENSIBILIDADE, DO ALTRUÍSMO, A TENDÊNCIA MATERNAL A NUTRIR, CUIDAR, PRO-

teger e dedicar-se, o espírito do sacrifício, enfim, a predominância dos interesses afetivos sobre quaisquer outros.

Esse preconceito mutilador reduz cada sexo a meia pessoa: um assumiria o gênio; o outro, a linguagem; um, o intelecto; o outro, o sentimento; um, a lógica; o outro, a intuição. Temos de reconhecer, contudo, que nessa divisão arbitrária o "quinhão" concedido à mulher, embora socialmente mais desvalorizado, humanamente é o mais complexo e rico.

Entendo quando Thais diz que não se identifica com o feminino porque ela o enxerga como docilidade, delicadeza, compostura. Considero-me uma pessoa muito racional, prática e franca, não me identifico com a "doçura". Sempre me senti mais confortável no espaço associado ao "masculino", como razão, lógica, intelecto, ser "voltada para fora" e, durante muito tempo da minha vida, considerei o campo intelectual superior ao emocional.

Demorei alguns anos de terapia para entender que essa hierarquização me era nociva e que a própria dualidade não faz bem para mim ou para ninguém. Foram alguns anos de elaboração para fazer a "crítica da razão pura" e perceber que levar emoções em consideração ao tomar decisões é não só legítimo como inevitável.

Discordo de Carmen quando ela coloca o campo emocional associado ao feminino como mais complexo e rico que o campo da razão e da lógica. Muito antes de compreender que é impossível experimentar a vida em sua totalidade priorizando o intelecto acima de todas as coisas, já havia compreendido que colocar as emoções à frente da razão não nos conduz a um bom lugar. Atualmente, é pela promessa de satisfação emocional e de completude sentimental que o patriarcado fisga as mulheres. Se faço a crítica da razão pura, faço também a "crítica da emoção pura" e defendo que saiamos da posição de seres movidos e validados pelos sentimentos.

É muito fácil dizer que os homens têm que entrar em contato com as próprias emoções, mas é mais difícil aceitar que muitas de nós não conseguimos olhar para elas e contemplar de forma racional seus impactos em nossas vidas a longo prazo. Não podemos nos cegar diante da dimensão política da hipervalorização do papel desse sentimento e do Eros na subjetividade feminina. Falo isso como uma mulher que já viu muitas outras terem a vida destruída ao se jogarem em paixões avassaladoras e deixarem a razão de lado, ou justificando-se, dizendo que o amor não é uma escolha racional. Em muitos casos, Eros fala tão alto que várias mulheres saem da situação de dependência econômica e caem numa dependência emocional tão grande que acabam sustentando homens financeiramente. Eu não aceito essa volta que o patriarcado deu.

A liberdade para viver uma paixão e estar ao lado de quem se ama se converteu em mais uma prisão, imposição e necessidade. Se isso era ruim na década de 70, hoje é, acima de tudo, muito confuso. É porque a pressão para amar e se apaixonar colidiu com uma época em que empilhar contatinhos de aplicativo virou marca de status social, amar saiu de moda e se apaixonar passou a ser visto quase como um crime. A mesma sociedade que incute nas mulheres a obrigação de serem "emocionadas" as pune por isso e as estimula a jogar um jogo em que precisam fingir que não estão sentindo nada para não assustar homens emocionalmente burros. É uma grande lambança, não me impressiona que tenha tanta gente biruta quando o assunto é vida afetiva.

Em um diálogo ao pensamento de Firestone e Zanello, a quadrinista e socióloga sueca Liv Strömquist publicou o livro *A rosa mais vermelha desabrocha: O amor nos tempos do capitalismo tardio ou por que as pessoas se apaixonam tão raramente hoje em dia*.[14] Ela propõe que, diante de mais e mais conquistas femininas, demonstrar indiferença e distanciamento emocional é a nova arma dos homens para manter o domínio. Mulheres se veem na necessidade de insistir constantemente para que o relacionamento avance – que vá da ficada para o namoro, do namoro para o casamento, do casamento para os filhos.

Isso coloca os homens numa posição de poder, ao projetar apenas nas mulheres o desejo de amar, casar e constituir família. O casamento é um ótimo negócio para os homens, pois a figura tradicional da esposa cuidadora que habita mesmo mulheres muito modernas se encarrega de mantê-los amados, alimentados e com a roupa limpa.

A construção contemporânea de que mulheres estão desesperadas para casar e ter filhos, enquanto os homens querem liberdade e independência (alguns têm a cara de pau de afirmar isso mesmo sem conseguirem lavar uma cueca sozinhos) criou uma nova armadilha de Eros. Muitas mulheres sentem que precisam amar, mas se deparam com uma frieza masculina que as faz se colocarem constantemente em uma posição de humilhação e, por fim, aceitam receber migalhas de afeto. Eu, que nunca quis ter filhos, tenho vontade de furar a jugular de homens que mal me conhecem e pensam que, depois de um ou dois encontros, quero parir o filho deles.

Mas talvez mais triste ainda seja a posição de mulheres heterossexuais que de fato desejam ter filhos e se veem incapazes de encontrar um parceiro que assuma o desejo e a responsabilidade. Triste a vida da mulher que ama, triste a vida da mulher que não consegue amar, e mais triste ainda a da mulher que sente que nunca será feliz se não for amada por um homem.

Alguns depoimentos citavam a dificuldade de encontrar um adulto funcional como motivo para a não maternidade, que, como veremos mais adiante, nem sempre está no campo da escolha. Mulheres que até encontram homens razoáveis pelo caminho se questionam se eles seriam pais, ou mais um filho.

Cabe aqui fazer uma pausa: Firestone era canadense--estadunidense, Liv Strömquist é sueca. Elas falam de sociedades diferentes da do Brasil. A trajetória narrada por Firestone é mais ou menos assim: antes, as pessoas se casavam pelo dever de constituir família, e muitas mulheres se viam presas no casamento por dependência econômica; mulheres se tornaram independentes e o amor romântico se tornou a arma para atraí-las para o buraco do casamento, da maternidade e das abnegações que tudo isso impôs a elas. Strömquist diz que, diante da independência econômica das mulheres, os homens passaram a usar a fome de amor para dominá-las.

Apesar de suas excelentes considerações, a proposta de Strömquist é justamente que abandonemos a racionalidade na hora de viver o amor e nos permitamos sentir. Isso talvez faça sentido no contexto nórdico do qual ela escreve, em que a igualdade social e de gênero está em outro patamar, e as pessoas assumem uma postura mais "fria". Mas, no nosso contexto latino, profundamente desigual e "caloroso", não faz.

Eu me identifico com as narrativas de Strömquist e Firestone, mas muitas brasileiras não se identificarão com elas. Quando se adicionam questões como a raça, a classe e o passado escravocrata do Brasil, percebemos que muitas mulheres negras nunca foram incluídas nesse esquema homem provedor – pois elas são as cuidadoras e sempre tiveram que trabalhar. Diante da rejeição do amor romântico que algumas feministas propõem, algumas mulheres negras irão pontuar que a elas o romantismo foi negado e que elas são constantemente preteridas e abandonadas pelos homens, que não as assumem. Zanello comenta essa questão, citando o estudo de Ana Cláudia Lemos Pacheco publicado no livro *Mulher negra: afetividade e solidão*,[15] para o qual foram entrevistadas mulheres negras de diferentes classes sociais e escolaridades. A autora conclui que a colonização racista e sexista produz uma distinção que deixa as mulheres negras fora do que chama de "mercado afetivo" e as naturalizam no "mercado do sexo", da erotização, do trabalho doméstico, feminilizado e "escravizado", enquanto as mulheres brancas pertenceriam à cultura do afetivo, do casamento, da união estável.

Enquanto há mulheres falando sobre se livrar do romantismo, há outras que nem sequer o vivenciaram. Enquanto há mulheres reivindicando o direito de não ter filhos, há mulheres querendo poder ter uma família e cuidar dos próprios filhos e não dos filhos das outras, na posição de empregadas ou babás. Enquanto há mulheres que não dependem economicamente de homens e escolhem com quem se casar, o Brasil é o quarto país no mundo em números absolutos de casamento infantil – estudo da UNFPA/Brasil[VI] indica que entre mulheres com idades entre 20 e 24 anos, 11% se casaram até os 15 anos (877 mil) e 36% se casaram até os 18 anos (cerca de 3 milhões).

O casamento e a maternidade são vias pelas quais muitas mulheres, sobretudo as racializadas e as empobrecidas, podem acessar direitos que de outra forma não lhe são garantidos – como regime de bens, pensão alimentícia, direito à herança. O centro dessa discussão pode estar mais sobre o "direito a ter direitos" do que sobre casamento e maternidade em si. Para aprofundar esse assunto, uma noção importante pode ser a de justiça reprodutiva, sobre a qual falarei no capítulo 9.

[VI] Estimativa de 2021, do Fundo de População das Nações Unidas (UNFPA), Brasil.

Contudo, o mesmo dispositivo amoroso que condiciona mulheres brancas a se submeterem a relacionamentos que as sugam emocional e financeiramente também atinge as mulheres negras. A sobrecarga materna das quais mulheres brancas reclamam também oprime as mulheres negras, aliás, com ainda mais intensidade. Ainda que as mulheres brancas estejam em uma posição social menos desfavorável do que as racializadas, a economia do cuidado não deixa de oprimi-las.

Zanello fala sobre o dispositivo amoroso por meio da metáfora do que chama de "prateleira do amor", que subjetiva as mulheres de forma condicionada à possibilidade de ser ou se sentir passível de ser escolhida.

Mulheres brancas estão na posição de mais "destaque" nessa prateleira, mas ainda assim estão em uma prateleira. Uma emancipação em relação a isso passa menos por diminuir as diferenças entre as mulheres expostas nessa vitrine à espera da validação pelo desejo masculino, e mais por colocá-la abaixo, mandando às favas o desejo masculino, o casamento heteronormativo e a maternidade como balizadores do nosso valor.

O pensamento de bell hooks, filósofa negra estadunidense, oferece um caminho de encarar o amor que é libertador para mulheres como um todo. Ela postula que amor não é um sentimento, mas uma ação politicamente transformadora. Segundo ela, o amor é o que o amor faz. O amor é Pragma, e não Eros, e, por mais que seja delicioso viver Eros, ele nem sempre conduz ao amor verdadeiro.

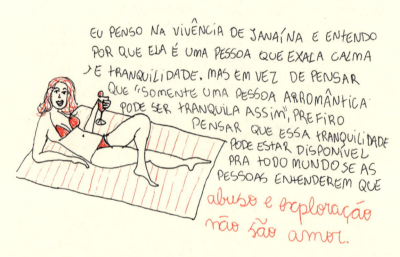

EU PENSO NA VIVÊNCIA DE JANAÍNA E ENTENDO POR QUE ELA É UMA PESSOA QUE EXALA CALMA E TRANQUILIDADE. MAS EM VEZ DE PENSAR QUE "SOMENTE UMA PESSOA ARROMÂNTICA PODE SER TRANQUILA ASSIM", PREFIRO PENSAR QUE ESSA TRANQUILIDADE PODE ESTAR DISPONÍVEL PRA TODO MUNDO SE AS PESSOAS ENTENDEREM QUE abuso e exploração não são amor.

Em *Tudo sobre o amor*[16], bell hooks esclarece que o amor não machuca, violenta, abusa e subjuga. Que amor e poder não andam juntos e que, quando uma pessoa subjuga a outra - e o mais comum é que um homem subjugue uma mulher, o que acontece NÃO É AMOR. Eros pode ser bom, mas também pode ser uma força intensa e destrutiva, que carrega em si um desejo louco de abraçar e beijar a outra pessoa e estar com ela, assim como possessividade, ciúme, violência, exploração emocional. Nem toda paixão é amor. Nem todo Eros vai lhe conduzir ao Pragma.

Tendo aqui pincelado a importância de se analisar raça e classe quando se fala de amor e de maternidade, sinto que chegou a hora de compartilhar o depoimento de Raíssa, uma mulher negra do interior de Minas Gerais que conseguiu romper o ciclo de violência e abuso da sua família.

CAPÍTULO 05

SER MÃE E ESPOSA É TRABALHO. SER MARIDO É DAR TRABALHO

"PUS NA CABEÇA QUE NÃO QUERIA PASSAR O QUE MINHA MÃE E AVÓ PASSARAM, ABRIR MÃO DE COISAS E VIVER DE UM JEITO QUE A MÃE SE VIRA E O PAI NÃO FAZ NADA."
Raíssa, 23 anos, estudante de ciências da natureza, negra, Minas Gerais

Minha mãe, que sempre trabalhou na roça, e meu padrasto são agricultores familiares no interior de Minas Gerais. Bem no início da infância, tínhamos uma situação de pobreza muito doída. Somos quatro filhos, eu sou a mais velha e tenho um irmão de 12 anos que também é filho do meu pai, os outros dois, gêmeos de 10 anos, são filhos da minha mãe com o meu padrasto.

Da minha casa até a cidade são dez quilômetros e, quando meu irmão e eu chegávamos da escola, eu tinha que fazer comida, lavar roupa e cuidar dele. Meus pais brigavam muito e meu pai não era uma boa pessoa, minha mãe estava sempre sobrecarregada. Ele faleceu e minha mãe conheceu outra pessoa, engravidou de gêmeos e eu mais uma vez tive que cuidar deles porque o pai deles não fazia nada. Eu passava as noites sem dormir. Sempre fui marcada por mulheres depressivas e sobrecarregadas, com filhos e pais que não ajudavam, nunca tive um bom exemplo de paternidade.

Eu não ia para escola todos os dias, ia duas vezes na semana porque tinha que cuidar do meu irmão, um nenê de dois meses. Coloquei na cabeça que não queria passar o que minha mãe e avó passaram, abrir mão das coisas, e viver de um jeito que a mãe se vira e o pai não faz nada. Por ter pegado essa fase financeiramente complicada, percebi que minha mãe abria não das coisas pra ela, às vezes ela precisava de uma blusa de frio e não comprava porque comprava para os filhos. Maternidade, para mim, é isso, abrir mão das coisas por uma criança, ninguém mais abre mão, só a gente.

Criaram uma escola na cidade, um instituto federal, quando eu tinha 14, 15 anos, falei "vou estudar nessa escola". Ficava duas semanas lá e duas em casa, fiz um curso técnico de agronomia e ensino médio. Foi a primeira coisa que fiz para mim e aos 17 decidi fazer uma graduação. Moro num alojamento da faculdade em que estudo ciências da natureza e pretendo ser professora. Sei que, para eu estar aqui, minha mãe está sobrecarregada.

Meu irmão mais velho não foi ensinado a ajudar, a mãe fala uma coisa, de como é importante colaborar, e meu padrasto dá o exemplo errado, ele trabalha o dia todo na roça e acha que não precisa fazer nada dentro de casa. Às vezes ela está com cólica, de cama, dá meio-dia e ninguém faz comida em casa. Eu não me relacionaria com uma pessoa que não cuidaria da casa e nem de mim se eu estivesse doente.

Eu e minha mãe temos conversado muito sobre algumas coisas. Por meio de ligação e mensagens, ela relata algumas coisas, diz que não está aguentando, que meu padrasto não ajuda, não lava prato, não compra comida ou sabão.

Desde nova eu tinha o sentimento de não querer ser mãe, mas só saiu da minha boca aos 17 anos, quando comecei a faculdade. Acho que isso não é pra mim, não tenho mais paciência com criança porque fui muito desgastada e não me vejo mais acordando de noite pra cuidar de uma criança chorando.

Tenho medo de o parto ser traumatizante e de ter depressão pós-parto. Tenho traumas de alguns relatos do processo de mudança no corpo e do tratamento no hospital. Tenho medo de pôr minha vida em risco e penso nas coisas que terei abrir mão durante nove meses. Sei que quem vai ter que se limitar será eu, mesmo que o companheiro seja perfeito. A gestação não é uma opção. Eu adotaria uma criança negra, tenho essa ideia, mas em uma idade que ela consiga fazer as coisas sozinha e eu não tenha que parar para dar comida para ela.

Hoje eu faço capoeira e gosto de andar de bicicleta. Na parte da manhã, estudo e, na parte da tarde, vou para um estágio em uma ONG que acompanha o trabalho de agriculturas familiares. Além de ser professora, quero trabalhar em ONGs com projetos nas áreas que estudo.

DESDE QUE INGRESSEI NA FACULDADE de jornalismo, realizei muitas entrevistas, não saberia chutar um número. Quando comecei a compartilhar temas de gênero nas redes sociais, sem pretensão alguma de fazer reportagem, comecei a receber vários relatos de mulheres sobrecarregadas, abusadas e insatisfeitas. Porém, foi na coleta de depoimentos para este livro que fui mais afetada emocionalmente.

Muitas dessas conversas mexeram comigo, me despertaram tristeza e muita raiva. O relato de Raíssa foi um dos que mais me tocou. Sua infância foi diferente da minha e, por mais que minha mãe às vezes exigisse (com razão) que eu realizasse algumas tarefas domésticas como lavar a louça ou manter a casa limpa, eu nunca tive que cuidar de irmãos (até porque sou a mais nova, de dois filhos), nunca tive de faltar a uma aula porque a casa demandava. Minha mãe passou por isso quando era criança, mas tinha condições de não permitir que o mesmo acontecesse comigo. Posso reclamar de muitas coisas em minha relação com ela – e reclamarei –, mas jamais deixaria de reconhecer que ela priorizou minha educação.

Porém, a mãe de Raíssa não teve essa opção. Com filhos para criar e tendo que trabalhar na roça, com um marido abusivo que sumia quando lhe convinha, teve de reproduzir um padrão das gerações anteriores e precisou que a filha assumisse o papel de mãe e dona de casa muito cedo, às custas dos estudos. Nem Raíssa e muito menos eu a culpamos por isso. O culpado tem nome, e o nome é patriarcado.

Muitas meninas e mulheres da geração de Raíssa, que tem apenas 23 anos, não puderam romper esse ciclo. Dados de um estudo desenvolvido em parceria entre o Instituto de Saúde Coletiva da UFBA, o Centro de Integração de Dados e Conhecimentos para Saúde (CIDACS/Fiocruz Bahia) e o Fundo de População das Nações Unidas (UNFPA) mostram que, entre 2008 e 2019, mais de 6 milhões de bebês nasceram de crianças e adolescentes entre 10 e 19 anos no Brasil, e a maioria das meninas e jovens que tiveram filhos são indígenas e negras.[17] Entre estas mães adolescentes, 29,2% estavam em algum tipo de relação conjugal (casamento ou união consensual). Para Raíssa, escapar do destino do casamento e da maternidade compulsória foi um processo muito mais difícil do que aquele pelo qual passei.

Mulheres de classe mais alta que entrevistei também sofreram pressão familiar, ouviram muito desaforo porque não querem ter filhos e muitas vezes são vistas como incompletas. Porém, para elas, dizer não foi mais simples. Por mais que tenham sido estimuladas a casar e ter filhos, suas famílias não as pressionaram para fazer isso o mais rápido possível.

E, francamente, talvez seja errado dizer que Raíssa *escapou* de viver esse destino. Ela de fato *viveu* esse destino desde muito cedo e conseguiu fugir dele. Em seu discurso, ela deixa claro que seu desejo de não maternar passa por já ter feito isso quando era mais jovem.

A psicanalista brasileira Lélia Gonzalez escreveu em 1979 um conto originalmente publicado no jornal O lampião da esquina, chamado *Mulher negra: um retrato*.[18] Nele, ela conta a história de uma menina que saiu do interior de Minas Gerais e se mudou para o Rio de Janeiro com a mãe e os irmãos, filhos de um homem casado com outra e que nunca morou com eles.

A personagem, com 10 anos, passa a trabalhar como doméstica na casa de uma família e, aos 13, é demitida após sofrer assédio sexual. Ela passa por uma sequência de experiências traumáticas: vê vizinhos morrerem assassinados, a mãe e os irmãos caírem no alcoolismo, engravida e é abandonada pelo pai das crianças depois do segundo filho, se relaciona com um homem violento, trabalha, luta para que os filhos consigam estudar e se sente muito sozinha. O conto termina assim:

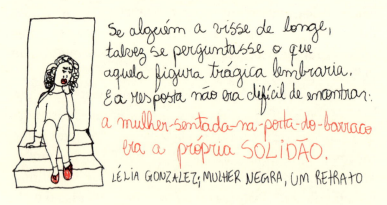

Se alguém a visse de longe, talvez se perguntasse o que aquela figura trágica lembraria. E a resposta não era difícil de encontrar: a mulher-sentada-na-porta-do-barraco era a própria SOLIDÃO.

LÉLIA GONZALEZ, MULHER NEGRA, UM RETRATO

Tanto as mulheres como os homens da história de Raíssa sofrem com a pobreza. E a camada mais pobre do Brasil é aquela que tem filhos, mas não vive com o cônjuge. Os dados mostram que a parentalidade, e a maternidade em especial, são correlacionados à pobreza e as mulheres pretas e mães são as mais depauperadas, no contexto rural e urbano.

O Brasil é um país em que a pobreza é bastante racializada. A Pesquisa Nacional de Amostra por Domicílio (PNAD), divulgada em 2019, com dados coletados em 2018 pelo Instituto Brasileiro de Geografia e Estatística (IBGE) revelou que 25,3% dos brasileiros viviam abaixo da linha da pobreza, tendo renda inferior a 420 reais mensais per capita.[19] Ao analisar por sexo e raça, 15,6% dos homens brancos e 15,2% das mulheres brancas estavam nesse extrato. Entre pessoas pretas e pardas a percentagem é de 32,4% para homens e 33,5% para mulheres.

Porém, outro fator altamente correlacionado à pobreza é ter filhos e não ter cônjuge. Das mulheres brancas, 39,6% das que têm filhos até 14 anos e não têm cônjuge estão nessa situação, e, entre mulheres negras, o número sobe para 63%, considerando todas as mulheres, a percentagem é de 55,7%. Mais da metade das mulheres com filhos e sem cônjuge vivem com menos de 420 reais per capita por mês.

Porcentagem de brasileiros abaixo da linha da pobreza

Sexo e raça:
- HOMENS BRANCOS 15,6%
- HOMENS PRETOS OU PARDOS 32,4%
- MULHERES BRANCAS 15,2%
- MULHERES PRETAS OU PARDAS 33,5%

Arranjo domiciliar:
- PESSOA QUE MORA SOZINHA 10,8%
- CASAL SEM FILHO 9,0%
- CASAL COM FILHO(S) 29,3%
- RESPONSÁVEL SEM CÔNJUGE COM FILHOS ATÉ 14 ANOS 54%
- MULHER SEM CÔNJUGE COM FILHO(S) ATÉ 14 ANOS 55,7%
- MULHER BRANCA SEM CÔNJUGE COM FILHO(S) ATÉ 14 ANOS 39,6%
- MULHER PRETA OU PARDA SEM CÔNJUGE COM FILHO(S) ATÉ 14 ANOS ... 63,0%

No Brasil, o produto interno bruto (PIB)[VII] per capita era 7.506,16 dólares em 2021. Dados do IBGE de 2022

[VII] PIB é uma medida econômica que designa o valor de todos os produtos e serviços produzidos em uma região. O PIB per capita é esse valor dividido pelo número de cidadãos, servindo como indicador médio das condições financeiras de uma população. Por ser uma média, ele não reflete desigualdades sociais.

mostram que aqui as mulheres ganham, em média, 22% a menos que os homens. Para cada real recebido por um homem, uma mulher recebe 78 centavos. Mas a correlação de gênero com condições financeiras menos favoráveis não é uma exclusividade do Brasil ou do sul global. Na União Europeia, conjunto de 27 países cujo PIB per capita é de 38.454.191 dólares[VIII], os homens ganham, em média, 13% a mais que as mulheres.[IX] Há diferenças significativas entre os países: na Alemanha, por exemplo, a diferença é de 18,3%, ao passo que na Itália é de 4,2%.[20]

Em 2019, pesquisadores de uma organização europeia não governamental, a *Center for Economic Policy Researcy* (CEPR), analisaram e compararam dados de seis países do norte global: Estados Unidos, Reino Unido, Dinamarca, Suécia, Alemanha e Áustria.[21] Eles compararam a renda de mulheres e homens entre cinco anos antes e dez anos depois do nascimento de seus primeiros filhos. Em todos os países, os rendimentos de ambos os gêneros eram aproximados antes de a primeira criança nascer. Depois, em todos eles, os rendimentos dos pais se mantiveram estáveis e os das mães caíram, permanecendo mais baixos mesmo depois de dez anos. Quando comparados os rendimentos de mulheres que pariram e mulheres que adotaram, um outro estudo concluiu que a penalidade é a mesma para os dois grupos uma década após a chegada da primeira criança na família.[22]

[VIII] Os dados de PIB per capita da União Europeia foram registrados em 38.454.191 dólares em 2021. Disponível em: https://www.ceicdata.com/pt/indicator/european-union/gdp-per-capita#:~:text=Os%20dados%20de%20Pib%20Per,de%2034%2C402.825%20USD%20em%202020. Acesso em agosto de 2023.

[IX] Foram utilizados os dados mais recentes. O PIB é de 2021 e desigualdade salarial foi divulgada em 2022.

Essa queda nos rendimentos das mães que permanece ao longo do tempo foi denominada *child penalty* (penalidade parental em tradução livre).

Queda dos rendimentos maternos após nascimento do primeiro filho no longo prazo

Dinamarca 21%
Suécia 26%
Reino Unido 44%
Estados Unidos 31%
Áustria 51%
Alemanha 61%

A Suécia é constantemente citada como um bom lugar para ter filhos: a licença parental total é de até 480 dias, com 90 dias garantidos para cada um dos pais e os outros 300 divididos entre eles da forma que preferirem. Isso não significa que os pais suecos sejam obrigados a tirar a licença de 90 dias, e sim que eles têm direito a ela. Durante esse período, apenas 30 dias podem ser simultâneos (pai e mãe gozando da licença ao mesmo tempo). Nos primeiros 390 dias, o Estado garante 80% do salário da pessoa que está afastada do trabalho para cuidar dos filhos.

Já na Áustria, pais podem solicitar um período de até dois anos de afastamento do trabalho subsidiado pelo Estado, que também pode ser alternado entre pai e mãe se eles assim o desejarem. A questão é que, na Suécia, mulheres e homens gozam, em média, de 70% e 30% da licença, respectivamente.

Mesmo com essas políticas, a igualdade econômica entre pais e mães não foi garantida nesses países. A teoria da socióloga britânica Catherine Hakim[23] é de que a política sueca estimula a natalidade em detrimento da participação das mulheres no mercado de trabalho e as empurra para trabalhos de remuneração mais baixa. No Brasil, as mulheres que trabalham com carteira assinada têm direito a, no mínimo, 120 dias de licença-maternidade; porém, quase metade das mulheres que tiram a licença estão fora do mercado de trabalho após 24 meses.[24]

Esses dados mostram que, aparentemente, viva você em um país pobre ou rico, a única maneira de alcançar igualdade de renda com seus "colegas" homens é não tendo filho nenhum. Além de a maternidade ser um trabalho não remunerado, ela engole suas chances de ser mais remunerada no trabalho. É um mecanismo de opressão econômica cruel para as mulheres e, por vivermos no capitalismo, acumular capital é importante. É graças a uma mistura de acúmulo de capital (o dinheiro que você guarda) e dívidas (os empréstimos que você pega em instituições financeiras para financiar atividades produtivas e imóveis) que as pessoas conseguem fazer coisas como abrir negócios e comprar a casa própria. Quanto mais dinheiro você guardar a longo prazo, maior a chance de ter uma velhice tranquila, uma aposentadoria privada que garanta uma renda maior do que a previdência pública e também fica mais fácil obter empréstimos.

Se você tem dinheiro para investir e consegue crédito no banco, é possível começar um negócio, pagar para ter uma boa educação e garantir um bom emprego ou ficar um ou dois anos estudando para um concurso público. Em resumo, ter dinheiro e crédito na praça ajuda você a ter ainda mais rendimentos. Se seus pais têm dinheiro acumulado e você é herdeiro, aliás, nem é necessário estudar ou trabalhar, basta deixar esses recursos investidos em instrumentos financeiros e viver do rendimento deles. Nada é uma garantia, óbvio, os investimentos sempre podem dar errado e restar só as dívidas, até herdeiros podem passar pela bancarrota, ainda que seja mais raro.

A questão é que a maternidade nos impede de acumular capital. A remuneração mais baixa a que ela nos relega, junto aos gastos maiores para sustentar filhos, sempre dificultou. Isso significa que o esforço para empreender ou investir na própria educação é muito maior e às vezes é impossibilitado quando se é mãe.

No Brasil, mulheres abaixo da linha da pobreza, sem cônjuge e com filhos, não conseguem juntar dinheiro para ter acesso a bens de consumo simples, que dirá imóveis próprios, participações em negócios ou comprar títulos públicos de renda fixa. Muitas nem mesmo têm a possibilidade de se endividar em um banco para financiar os materiais de que precisam para começar uma pequena empresa, mas isso não é exatamente uma novidade. A historiadora italiana Silvia Federici[25] investigou como as mulheres foram expropriadas no contexto europeu. Como fomos colonizados por países europeus que nos impuseram seus modos de vida e relações econômicas, a história que ela conta também é nossa.

Apesar de sua gênese ter sido seis séculos atrás, é comum pensarmos no sistema capitalista a partir da revolução industrial do século 18, em que se consolidaram as fábricas, indústrias e o sistema de trabalho como conhecemos hoje, em que passou a haver uma separação da produção de bens do restante da vida das pessoas. O capitalismo começou a tomar forma na Europa no século 15, e apresentarei resumidamente parte do pensamento de Silvia Federici, uma das principais historiadoras contemporâneas a analisar as consequências do surgimento desse sistema na vida das mulheres.

Lançado em 1936, o filme *Tempos modernos*, de Charles Chaplin, nos traz uma imagem alegórica da transformação do trabalho. Se antes as pessoas tinham o domínio do fazer de um produto do início ao fim, elas passaram a assumir um espaço em uma vasta linha de produção em que cada um realiza uma parte fragmentada do resultado final.

Chaplin nos mostra um homem que faz uma tarefa repetitiva, está alienado de si, automatizado. Nessa etapa, as outras experiências humanas, como a vida familiar, o convívio em comunidade ou o lazer se separam do fazer econômico. Pode-se argumentar que o modo de vida contemporâneo no sistema capitalista é, ao menos em teoria, mais confortável. O trabalho – de novo, idealmente – ocupa apenas um momento determinado do dia e, antes ou depois de realizar as tarefas, pode-se praticar esportes, ver filmes, passear na praça, conviver com a família.

Algumas pessoas podem considerar um trabalho automatizado e visto como "chato" como algo menos indesejável do que passar o dia na lavoura plantando. Outras podem até gostar bastante do que fazem durante esse período. Não se trata aqui de entrar numa discussão acerca de se um sistema tribal é melhor ou pior, se a experiência socialista soviética – em que a cisão do trabalho do restante da vida também era uma realidade – foi melhor ou pior. O que interessa aqui é reconhecer o fato de que a relação da humanidade com a produção econômica se transformou, e foi uma transformação que se deu ao longo de séculos antes de atingir o momento retratado em *Tempos modernos*.

Federici aponta que, para chegar ao modelo industrial, com seus avanços tecnológicos e fábricas que exigiam uma grande quantidade de recursos financeiros para serem postas de pé, foi preciso passar por séculos de acumulação primitiva de capital. Um dos fatores para esse acúmulo na Europa foi a expropriação da terra dos camponeses. A maior parte das terras eram de uso comunal, mas isso mudou a partir do momento em que foram cercadas, passaram a ter dono e a agricultura migrou para uma produção de grande escala em um processo chamado de cercamento.[x]

Outra ferramenta fundamental para a acumulação de capital foi o roubo do conhecimento científico e agrícola feminino e a exploração do trabalho não remunerado dos cuidados, que foi relegado às mulheres e até hoje

---

[x] De acordo com Federici, eventos como pestes, guerras e expropriação de terras pela Igreja foram fatores determinantes para o processo de concentração da posse de terras.

não é considerado trabalho. Federici argumenta que as mulheres tinham um papel importante na agricultura e produção de alimentos antes dos cercamentos. A partir daí, cada vez mais, as mulheres foram empurradas para o lar e domesticadas, cerceadas em sua intelectualidade. O nosso tempo passou a ser consumido pelo lar, e a inserção das mulheres no mercado de trabalho não substituiu essas tarefas, apenas se somou a elas.

Mais uma vez, cabe fazer recortes. Nas colônias do Novo Mundo, como os Estados Unidos e o Brasil, a escravização de outros povos, principalmente os do continente africano, foi um relevante e cruel movimento de acumulação de capital. Na constituição da família brasileira, a exploração do trabalho doméstico de mulheres negras era comum. Um levantamento populacional feito em 1872 registrou quase 10 milhões de habitantes[XI], onde a população escravizada correspondia a 15,24% desse total. De acordo com o levantamento, 58% dos residentes no país se declaravam pardos ou pretos e 38% se diziam brancos. Os estrangeiros somavam 3,8% e os indígenas eram 4% do total dos habitantes.[26]

Depois do fim da escravidão, muitas mulheres negras seguiram exercendo trabalho doméstico na casa de outras famílias, às vezes começando ainda na infância e, muitas vezes, em condições análogas à escravidão, com remuneração baixíssima, em troca de casa e comida, sob o pretexto de que "faziam parte da família".

[XI] O Censo do IBGE é feito desde 1940. No entanto, antes disso, levantamentos populacionais já eram feitos no Brasil. O primeiro oficial foi feito em 1872, quando o Brasil tinha 9.930.478 milhões de habitantes. Disponível em: https://g1.globo.com/economia/censo/noticia/2023/07/02/infografico-mostra-evolucao-do-brasil-desde-o-primeiro-censo-em-1872.ghtml. Acesso em agosto de 2023.

As empregadas domésticas demoraram muito tempo para ter seus direitos trabalhistas garantidos por lei. Foi apenas em 2013 que a Constituição brasileira igualou o trabalho doméstico a outros trabalhos urbanos e rurais, com direito a carteira assinada, salário-maternidade, aposentadoria etc. As mulheres são 93% dos trabalhadores domésticos do Brasil, sendo que apenas 26,1% das pessoas nessa categoria são empregadas de modo formal e 70% são negras.[27]

O romance *A vida invisível de Eurídice Gusmão*, de Martha Batalha,[28] traz um sensível retrato de como muitas famílias brasileiras eram estruturadas em meados do século 20. Eurídice era uma mulher branca, cheia de talentos, em uma família de classe média. Casada com um marido medíocre, a ela não era permitido trabalhar artística ou intelectualmente. Ela realizava trabalhos domésticos, como fazer compras, cozinhar, cuidar da casa e das crianças. Ela é a protagonista de um romance sobre a invisibilidade feminina, mas a autora coloca ali uma outra personagem, mais invisível ainda, que é a empregada Maria das Dores, sobre cuja existência a patroa pouco sabe. A obra ilustra bem como é possível ser invisível e invisibilizar ao mesmo tempo.

CAPÍTULO 06

O ILUMINISMO SÓ ILUMINOU A VIDA DOS HOMENS (BRANCOS)

O ILUMINISMO FOI UM MOVIMENTO-CHAVE na história do pensamento, da ciência e da construção da sociedade contemporânea. É difícil datar o nascimento de fenômenos históricos. Alguns dizem que ele começou com a publicação de *Discurso sobre o método*, de René Descartes, em 1637, outros situam seu início mais para o fim do século 17.

Considerando que o Iluminismo defende ardorosamente o primado da razão, me alinho aos que colocam a obra de Descartes como marco fundamental do período. Foi dessa obra que saiu a frase "penso, logo existo". A partir da própria trajetória intelectual, ele discursou longamente sobre como o raciocínio deve nortear a produção científica, se sobrepondo às crenças e aos sentidos. Propôs um sistema de dúvida radical, em que, para produzir conhecimento científico, era preciso se desvencilhar de todas as certezas e não presumir coisas como verdadeiras sem analisá-las antes; em que a mente se desvinculasse do corpo físico e suas sensações e sentimentos na hora de produzir ciência.

Eu não antipatizo com a proposta cartesiana – palavra que passou a designar tudo que é metódico, sistemático, certinho e chato. Aliás, se eu vivesse naquela época, convivesse com ele e quisesse me dedicar a irritá-lo, arranjaria uma certidão de nascimento falsa para provar que ele só era assim porque nasceu no signo de virgem – ele nasceu em 31 de março, era ariano, astrólogos que se virem para explicar isso daí.

A contribuição de Descartes adiciona elementos importantes à investigação científica, principalmente o ceticismo e a organização do pensamento. Como já defendi antes, abraçar a racionalidade em um mundo que prega que mulheres devem ser o contraponto emocional da razão masculina é importante. Assim como já defendi que as tais sensações corpóreas e os sentimentos não são desvinculados do processo racional e o mais saudável para todo mundo é parar de pensar nessas coisas como dois polos.

Até um homem, chamado Immanuel Kant, conseguiu perceber isso e fez a crítica a essa hierarquização que coloca a razão como algo superior, num livro publicado em 1781, *Crítica da razão pura*. Talvez alguma mulher já tivesse dito isso antes de Kant, mas não publicaram, ou publicaram e não ficamos sabendo.

Contudo, o grande nome do Iluminismo é Jean-Jacques Rousseau, que provou que até homens com um belo rostinho conseguem escrever livros impactantes – não surpreende que o impacto tenha sido tão ruim na vida das mulheres. Antes de seguir falando desse intelectual influente, vamos ao relato de uma mulher que demonstra como as ideias dele foram o adubo de um desastre.

"FALAM QUE VOCÊ SÓ VAI CONHECER O AMOR INCONDICIONAL SE VOCÊ TIVER UM FILHO. QUER DIZER QUE ATÉ HOJE EU NÃO SEI O QUE É AMOR NA CABEÇA DESSAS PESSOAS."
Heloísa, 34 anos, fiscal de fábrica, Mato Grosso do Sul

Na cidade não conheço nenhuma mulher heterossexual que não quis ter filhos, as que conheci eram lésbicas. As mulheres que conheci na infância têm filhos. Na minha família, todo mundo teve e as que não tiveram ainda querem mais pra frente. Desde pequena eu nunca pensei em me casar, não tinha exemplo de famílias felizes. Eram apenas mães cuidando das crianças, pais trabalhando fora, ou bêbados, ou cafajestes que iam embora.[XII]

Eu frequentei a igreja evangélica até os 13 anos. Na época, meu pai morava com a gente e era o mais crente, nos obrigava a ir. Como eu era nova, não vivia essa imposição sobre ter filhos ainda, mas eu via os casais da igreja e todos tentavam ter filho no primeiro ano de casamento. A família da minha mãe é evangélica, mas não pega no meu pé. O meu pai crente não teve vergonha de ir embora e, depois que ele sumiu, não frequentei mais os cultos.

Tive a guarda da minha sobrinha dos 6 aos 14 anos dela. Meu irmão é o pai, ele era casado com a mãe dela e eles moravam com a minha mãe. A mãe da criança decidiu se separar e deixou a menina com o pai. Meu irmão era usuário de drogas e minha mãe decidiu pegar a guarda. Só que, pouco depois,

[XII] Heloísa preferiu não declarar sua raça.

que não tinha condições de ficar com a criança.

Meu irmão estava preso na época, ninguém podia, falavam que não tinham condições de criar. No dia do enterro, a menina foi para minha casa. Achei que ia conseguir, financeiramente estava dando certo, o resto das questões eu não pensei muito. Minha mãe tinha acabado de morrer e eu não consegui viver o luto porque estava cuidando da minha sobrinha.

Acho que, pelo fato de ter sido abandonada pelos pais, ela chorava muito, dizia que não queria morar comigo... foi difícil fazer ela entender que não era culpa dela, que não era culpa minha, que não era culpa de ninguém. Eu não tive saúde mental e emocional para tratar ela de uma forma positiva, com acolhimento. Às vezes, eu a deixava falando e gritando sozinha. Foi uma experiência bem traumática, mas pessoas falam "quando você tiver o seu, vai ser diferente" e eu falo que prefiro não arriscar depois do que passei com a minha sobrinha.

No meu serviço é um monte de gente que não conheço, quando perguntam e digo que não quero, eles falam "Quem vai cuidar de você?" ou "É um amor incondicional que você vai sentir". É como se fosse sempre a mãe que ama incondicionalmente, o pai e os filhos não amam incondicionalmente, eu me sinto ofendida por essa fala.

Eu amei minha mãe e amo meus irmãos incondicionalmente e não sou mãe deles. Amei minha sobrinha, mas, por causa dos traumas, não foi de maneira incondicional. Dizer que só uma pessoa que tem filho vai sentir esse amor é ofensivo, as pessoas precisam entender que não é preciso ter um filho pra amar. Quer dizer que até hoje eu não sei o que é amor na cabeça dessas pessoas?

Moro com meu marido há 11 anos, ele tem um filho e não quer mais um. Meu horário de trabalho é de madrugada puxado, e só tenho sentido vontade de descansar, ver séries. Com outras pessoas geralmente o assunto é os filhos, a casa, a família, o casamento, essas coisas. Eu me sinto isolada porque todas as mulheres que eu conheço têm filhos, não tenho assunto com elas. As pessoas que eu conheço não assistem às mesmas coisas que eu, não se interessam pelas mesmas coisas que eu. Em 2018, comecei a me interessar por feminismo e consciência de classe, queria que mais gente soubesse sobre isso para a gente poder discutir, mas é muito difícil aqui.

Assim como no relato de Cássia, nota-se um incômodo intelectual na fala de Heloísa. Vendo-se cercada por pessoas cujo principal assunto está ligado a casamento e aos cuidados com a casa e os filhos, ela lamenta não ter com quem fazer trocas sobre outros assuntos que a interessam. Em um contexto em que tantas mulheres foram condicionadas desde cedo para almejar o casamento e a maternidade como principal objetivo de vida, a pensar que suas principais funções no mundo eram essas, não surpreende que tais assuntos tenham praticamente o monopólio do seu cotidiano.

O fato de tantas mulheres centrarem suas vidas no casamento, nos filhos e nas lides domésticas pode satisfazer o viés de confirmação de quem acredita que nosso lugar é naturalmente esse. A crença arraigada no amor automático, inevitável, instintivo e incomparável das mães pelos filhos é mais uma narrativa criada para nos aprisionar nesse lugar. E não foi sempre assim. O fulaninho Rousseau, nascido na cidade de Genebra, que hoje fica na Suíça, foi um dos construtores do mito do amor materno e da domesticação das mulheres em sua obra *Emílio, ou da educação*, lançada em 1762.

No contexto histórico em que Rousseau vivia, a infância não era vista como uma fase importante para o desenvolvimento do indivíduo, distinta da vida adulta, assim como é hoje. Crianças eram tratadas com rígida disciplina e, muitas vezes, com descaso. A mortalidade infantil era altíssima. Para se ter uma ideia, na França dos séculos 17 e 18, uma em cada quatro crianças nascidas morria antes de completar 1 ano e, de cada mil crianças nascidas vivas, apenas 525 completavam 10 anos.[29]

O uso de amas de leite, mulheres que alimentavam e cuidavam dos bebês do momento em que nasciam até eles completarem 5 anos era extremamente comum. A maioria das amas não ficava na casa dos pais, elas cuidavam de vários ao mesmo tempo em seu próprio lar, e com frequência exerciam outras atividades, como o trabalho no campo, o que as obrigava a ficar longe das crianças.

A historiadora francesa Elisabeth Badinter nos conta como era esse período em *Um amor conquistado: o mito do amor materno*, de 1981. Sua pesquisa traz dados e relatos da época, mas não é uma leitura agradável. Qualquer um com o mínimo de humanidade pensaria "tadinhos dos bebês". Muitos deles mal tinham contato com as mães ao nascer e eram postos em carroças rumo às casas das amas, alguns morriam no trajeto. As mulheres mais ricas podiam pagar por amas exclusivas para os seus, mas as mais pobres tinham que contratar mulheres já sobrecarregadas. A grande maioria dos recém-nascidos não recebia amamentação materna. A morte de crianças era algo banal.

Por que as mulheres delegavam o cuidado dos filhos dessa forma? Entre as de classe mais baixa o motivo era o trabalho. Entre as aristocratas, a dedicação à maternidade simplesmente não era algo desejável. As burguesas gostavam de imitar os hábitos das aristocratas.

Na França do século 17, mulheres urbanas de alta sociedade prestigiavam o hábito de participar de grupos de literatura, de discutir filosofia, política. Elas eram conhecidas como "as preciosas", e curtiam ficar até tarde em festas, rodas de conversas e ocasiões sociais. Dedicar-se à maternidade não era "chique".

Porém, voltemos a Rousseau. A vida das preciosas aristocratas provavelmente era divertida, a das burguesas era confortável, a das trabalhadoras urbanas e camponesas que, mesmo que quisessem, não podiam cuidar dos filhos era difícil, e a das amas pobres devia ser muito sofrida. Enquanto isso, muitas crianças morriam e a população crescia a níveis baixos – os economistas da época defendiam a importância do aumento populacional para gerar trabalhadores ou mesmo para povoar as colônias francesas do Novo Mundo.

Qual foi a solução para resolver o problema da alta mortalidade infantil, realmente grave em termos humanitários, e criar mais braços para carregar o crescimento do país nas costas? Fazer com que pais e mães dividissem o cuidado das crianças? Criar creches comunitárias? Não, não. A solução proposta por Rousseau em seu livro foi domesticar as mulheres, atribuir a elas o papel de ficar em casa cuidando do lar e dos filhos. Ele prescreveu a família moderna fundada no amor materno.[30] A mãe foi cristalizada como uma figura dotada de amor infindável e natural, essencial nos primeiros anos de vida das crianças.

Seria um absurdo, portanto, que uma mãe enviasse seu bebê para os cuidados de uma ama de leite.

Sendo justa com Rousseau, ele falava que os pais tinham um papel importante na educação das crianças, sendo uma figura de autoridade que deveria ensinar princípios morais e também deveria ser fonte de proteção e amor (mas não um amor como o das mães). As casas, portanto, deveriam ter papai protetor, mãe cuidadora e filhinhos.

Mas olha só que curioso! Rousseau teve cinco filhos com Thérèse Levasseur, e deixou todos em um orfanato de Paris, contra o desejo dela.

ELE TAMBÉM VIVEU ÀS CUSTAS DE FRANÇOISE-LOUISE DE WARENS POR ANOS. ELE A ENGANAVA COM FALSAS DECLARAÇÕES DE AMOR.

PRA CÊS VEREM! UM DOS PRINCIPAIS PENSADORES DA FAMÍLIA CONTEMPORÂNEA FOI UM gigolô e pai ausente.

E nem dá pra dizer que era um HOMEM DO SEU TEMPO porque no nosso tempo tem VÁRIOS desses!

Então um pai ausente da França foi o responsável por criar, de uma hora para outra, a família como conhecemos hoje? Não, não foi só ele e não foi tão rápido. Muitas mulheres resistiram a essa prescrição – algumas porque não queriam abrir mão da intelectualidade e da vida social, outras porque precisavam continuar trabalhando fora do lar para se sustentar.

Rousseau foi um dos grandes nomes do movimento iluminista, que incorporou sua ideia de mãe e de família. Vários outros pensadores depois dele repetiram o mesmo. O pensamento dos iluministas foi extremamente influente na declaração da independência dos Estados Unidos, em 1776, e na Revolução Francesa, período que começou em 1789 e marcou o início da Idade Contemporânea.

Os dois eventos trouxeram alguns avanços. Defendiam coisas como a democracia e os direitos humanos. Só que, nos Estados Unidos, a escravidão só foi abolida em 1863 e apenas em 1964 foi assinada uma lei que colocava fim à segregação racial, as mulheres só puderam votar em 1920. Foi apenas na década de 50 que a França começou a aceitar a independência das colônias africanas, as francesas só conquistaram direito ao voto em 1945.

O pensamento iluminista ocupou esferas de poder e não se limitou aos Estados Unidos, à França e à Europa. Ele influenciou a maneira como as sociedades se organizam no Brasil e em boa parte do mundo. No fim do século 19, esse modelo familiar e a domesticação das mulheres já estava plenamente consolidado. O destino das mulheres brancas era parir, amar e nutrir dentro do seio familiar. O amor materno se transformou em uma imposição social. A casa virou nosso lugar.

Contudo, no período em que a escravidão foi o sistema econômico vigente no Brasil, esse isolamento familiar e domesticação focada no cuidado dos filhos não valia para todas as mulheres. Ao contrário do corpo da mulher branca, feita para "casar" ou, na pior das hipóteses, virar uma "solteirona", as mulheres negras eram tratadas como um objeto reprodutivo submetido a um controle bastante perverso, e constantemente foram vítimas de estupro. Seus filhos eram utilizados ao bel-prazer dos senhores. Ora eram descartados como lixo porque significavam gastos com alimentação, moradia, entre outras coisas, ora a procriação era estimulada para gerar novos braços escravizados como força de trabalho.[31]

É herança dessa época que mulheres negras cuidem dos filhos de mulheres brancas. Isso não significa que brancas não sofressem com a domesticação e com o papel de esposa, mas aponta que, para muitas delas, o trabalho de amamentação e cuidado com crianças, ou ao menos parte dele, era relegado a mulheres escravizadas.

Se a família nuclear, a domesticação da mulher, o amor materno incondicional, a docilidade feminina, a maternidade como a conhecemos fossem NATURAIS, eles não precisariam ter sido prescritos. Se esses princípios fossem mesmo inatos, não precisariam ser ensinados e reforçados. Rousseau não teria tido o trabalho de escrever *Emílio*.

E antes de Rousseau, as coisas não eram assim? O Aristóteles, há mais de três séculos antes de Cristo, não dizia que as mulheres eram inferiores e limitadas? As mulheres em Atenas não eram também confinadas ao lar? Não é bem assim. Na Antiguidade Clássica havia o entendimento de que mulheres eram governadas pelo corpo, pelas paixões, ávidas dos prazeres da carne, enquanto os homens eram governados pela razão. O Iluminismo, por sua vez, destruiu de vez a imagem da mulher libidinosa e foi mais bem-sucedido em substituí-la pela doce e recatada imagem da Virgem Maria, mãe de Jesus.

VOCÊS SABIAM QUE O OLIMPO DOMINADO POR ZEUS ERA UMA GRANDE CORPORAÇÃO QUE UNIU DEUSES DA REGIÃO?

Zeus — CEO DOS DEUSES DONO DOS CÉUS

Poseidon — CHEFIA DOS OCEANOS

Atena — SETOR DE ESTRATÉGIA

Ares — COMANDO MILITAR

Hermes (FOFOCA?) — DEPARTAMENTO DE COMUNICAÇÃO

Afrodite — DIRETORIA DO AMOR

Apolo — OFICINA DE ARTES

Hera — PATROA

Dionísio — SÓ PELO HAPPY HOUR

Deméter — MINISTÉRIO DA AGRICULTURA

Hefesto — PRODUÇÃO DE FERRAMENTAS

© O ILUMINISMO SÓ ILUMINOU A VIDA DOS HOMENS (BRANCOS)

AO LONGO DOS SÉCULOS A CULTURA HELÊNICA JUNTOU VÁRIAS DIVINDADES QUE EXISTIAM POR ALI E CONSTRUIU UM PANTEÃO PATRIARCAL. NESSE PROCESSO, VÁRIAS DEUSAS MULHERES FORAM SUBJUGADAS E PERDERAM PODER.

Ártemis — CHEFONA DA CAÇA, PARTOS E ABORTOS E PROTETORA DAS MULHERES

CAPÍTULO 07

OS HOMENS FIZERAM A MEDICINA ADOECER AS MULHERES

MAS VOLTO A ARISTÓTELES, que se vivo hoje faria *mansplaining*[XIII] em várias áreas do conhecimento, e à visão grega de homens e mulheres. Na época, o corpo masculino era considerado a base, e o feminino era o mesmo corpo, só que piorado.[32] Todos os corpos, independentemente do sexo, eram formados pelos mesmos fluidos e a vagina era um pênis invertido. Os dois corpos gozavam e o orgasmo feminino era considerado necessário para a reprodução. O clitóris não era um órgão desconhecido, desprezado ou invisibilizado como é hoje.

E, por mais que se cite Atenas como referência de papéis de gênero, aquele não era o único modelo existente de sociedade e tampouco resumia o lugar que as mulheres ocupavam antes ou depois da Antiguidade Clássica. É fácil cristalizar a imagem da mulher como

---

XIII Neologismo importado do inglês que junta as palavras *man* (homem) e *explaning* (explicação). Designa o hábito masculino de tomar a palavra e palestrar para uma mulher sobre um assunto sobre o qual em geral ela sabe mais do que ele.

doméstica e invisibilizar a importância feminina no desenvolvimento da agricultura, da linguagem, da medicina e da farmácia.

Talvez você pense que bruxas faziam rituais para a lua, dançavam nuas em volta de fogueiras conjurando o demônio ou ficavam usando chapéus compridos em frente a um caldeirão dando risadas e rogando pragas. Nada contra tudo isso, até acho divertido, mas "bruxa" é um termo que durante a caça às bruxas, que ocorreu entre os séculos 15 e 18, era usado para perseguir mulheres por vários motivos. Algumas delas eram camponesas que sofriam de doenças mentais e alucinações; outras eram mulheres pobres que andavam pelas aldeias em busca de comida e praguejavam.[33] Porém, muitas delas eram curandeiras que usavam o conhecimento de ervas, raízes, fungos e outros elementos disponíveis para tratar doenças. Elas também ajudavam mulheres a parir, a abortar e a evitar a gravidez, uma coisa que, já naquela época, algumas mulheres queriam evitar. Havia também aquelas que ajudavam mulheres a envenenar seus maridos abusivos.

Para a historiadora Silvia Federici, a caça às bruxas foi uma guerra contra as mulheres que as expropriou de terras, de poder e de conhecimento e contribuiu para a acumulação primitiva de capital que culminou no sistema atual. Esse processo histórico preparou o terreno para a visão iluminista da feminilidade. O saber médico foi uma das coisas arrancadas das mulheres. Assim, a medicina passou a ser um terreno dos homens durante séculos, enquanto as mulheres, antes conhecedoras do corpo, passaram a ser objeto de especulação por parte dos expropriadores desse conhecimento. Nosso corpo passou a ser estudado e nomeado pelos homens. As glândulas de Bartholin, que produzem a lubrificação vaginal, por exemplo, têm esse nome porque um cara chamado Caspar Bartholin as descreveu no século 17.

O parto, antes realizado por mulheres, se tornou um processo conduzido por médicos homens que eram extremamente porcos. Tão porcos que muitas mulheres tinham febre puerperal após o parto e algumas morriam. Os nojentos mexiam em cadáveres, não higienizavam as mãos e ajudavam uma criança a nascer logo em seguida[34]. As parteiras da Idade Média já tinham noção do fato de que não dava para tocar em morto e depois trazer alguém para a vida, mas precisou que um homem, chamado Ignaz Semmelweis, descobrisse que era importante higienizar-se antes de realizar partos e outros procedimentos médicos.

No Brasil, o moralismo religioso e o discurso médico se entrelaçaram. O casamento era a cura para o tesão feminino, associado ao diabo. O sexo "correto" deveria ser feito apenas para a procriação e a masturbação era um vício a ser evitado. A psicanalista **VALESKA ZANELLO**[35] nos conta que o prestigiado médico Rodrigo José Maurício Júnior, influente em meados do século 19, postulava que mulheres com muito apetite sexual tinham problemas mentais.

A MULHER DEVERIA SER "NATURALMENTE" (ESSE NATURAL SENDO UMA CONSTRUÇÃO SOCIAL E HISTÓRICA) FRÁGIL, AGRADÁVEL, DOCE E BOA MÃE. A PATOLOGIA DO AMOR SE REFINARÁ ASSIM NO SÉCULO 19 QUANDO UMA LONGA SÉRIE DE DOENÇAS LHE FOI ATRIBUÍDA (DEL PRIORE, 2011). IGREJA

E MEDICINA SE MANTIVERAM, PORTANTO, JUNTAS NA TENTATIVA DE MANTER O AMOR-PAIXÃO COMO ALGO PERIGOSO, PECADO E DOENÇA; E O CASAMENTO COMO ALGO DESEJÁVEL E SAUDÁVEL. A MEDICINA PASSOU, NESSE MOMENTO, A TORNAR-SE CADA VEZ MAIS UMA INSTITUIÇÃO DE FISCALIZAÇÃO E DE REPRESSÃO MORAL.

Essa obsessão dos homens por estudar, nomear e controlar o corpo das mulheres foi acompanhada de uma mudança na forma como os sexos eram percebidos. Se antes os corpos eram considerados iguais, sendo o feminino o mais tosquinho, no Iluminismo passou-se a focar nas diferenças entre eles. Se o clitóris antes era um pau feminino – o que não está errado, considerando que os dois órgãos são bastante semelhantes – ele passou a ser... Sei lá. Uma coisa qualquer com que ninguém precisava se importar. O orgasmo feminino (que não foi inventado por Freud) deixou de ter importância.

Com ajuda da construção docilizada e domesticada de mulher erigida por Rosseau, os médicos ignorantes passaram a encontrar argumentos científicos para justificar a subjugação feminina e o cerceamento da sexualidade delas. Nessa época, as mulheres deixaram de ser taradas com fogo no rabo e passaram a ser pessoas com menos interesse sexual que os homens comedores que só pensavam em trepar. Os alicerces da medicina contemporânea são misóginos e fundados por homens que provavelmente tinham muita preguiça de fazer sexo oral nas parceiras, visto a dedicação de muitos deles (inclusive Freud) em defender a supremacia da penetração sobre o clitóris.

A história a seguir mostra como todo esse trabalho de séculos para destituir mulheres de poder e confiná-las ao lar faz com que, até hoje, a medicina seja violenta, racista e machista e a maternidade seja considerada mandatória por alguns profissionais de saúde.

"PERCEBI QUE NÃO TINHA UM MOVIMENTO DE ESCUTA,
ELA QUERIA ME REBATER."
Ângela, 31 anos, jornalista, branca, São Paulo

Daqui a pouco mais de um mês, vou fazer a laqueadura.[XIV] Quando eu estava com mais ou menos 27 anos, estava casada e morava em Floripa. Terminamos e foi uma fase conturbada da minha vida, voltei pra São Paulo, cheia de dívidas, cheia de coisas. Busquei ajuda psicológica e me indicaram uma psicanalista que era perto da minha casa.
Já tinha falado dessa minha vontade de fazer laqueadura, mas nunca tinha começado a agir. Nessa época, comecei a me informar melhor e ver as possibilidades e falei isso para a psicanalista. A gente abordou o assunto de não querer ter filhos e ela me questionou se não tinha a ver com o fim do relacionamento.
Ela começou a me questionar e eu falei que nunca tive vontade, que não se encaixa na minha vida, que não era um projeto meu. Na adolescência, eu até tive a fase de não gostar de criança, mas eu amo crianças hoje, e, ainda assim, não quero ter filhos. Percebi que ela ficava meio nervosa toda vez que eu dava um argumento. Ela começou a jogar muito comigo nas questões familiares, começou a dizer que não é porque eu não tive uma infância boa que não ia ser uma boa mãe. Falou que não é porque meu pai era alcoólatra que ter uma

[XIV] Entrevista realizada em junho de 2023.

acreditar que era por causa da relação dos meus pais que eu não queria ter filhos.

Falei que entendia o que ela estava falando, mas não via essa relação, e percebi que não tinha um movimento de escuta, ela queria me rebater. Disse a ela que fazia análise justamente para pensar nessas coisas sem precisar ter um filho para isso e que a laqueadura era uma decisão tomada. Ela se alterou e disse: "Você não está entendendo, você tem 20 e poucos anos, você não tem o direito de se castrar". Falei que era um direito previsto em lei e ela começou a dizer que eu ia me arrepender, que já tinha visto muitas pacientes se arrependerem, que tinha mais experiência de vida que eu. Virou um show de horrores. Fui embora, paguei essa sessão e não voltei mais.

Não denunciei no Conselho Regional de Psicologia e foi um grande erro. Era uma época que eu estava muito fodida da minha vida. Foi a única vez que me questionei se eu era uma pessoa horrível por nunca ter cogitado ser mãe. Foi a única vez que alguém fez com que eu me sentisse mal com relação a essa decisão, me fez questionar que tipo de pessoa eu era, se eu era muito egoísta. Tanto que estava decidida a começar o processo da laqueadura e dei um passo atrás, demorei para voltar a agir. Meu psicólogo atual disse: "Ah, que legal". Já era uma decisão que eu nem levei para terapia e ele respeitou, mas disse que, se eu quisesse falar sobre isso, ele estava disponível para conversar.

Conseguir a laqueadura foi uma saga para mim. Procurei médicos do meu plano, no escuro. Um deles disse que não fazia. Para o outro, pedi os exames de rotina e disse que queria fazer a laqueadura. Por esse motivo, ele se recusou a fazer o pedido de exames e disse que ia ser muito difícil conseguir e que ninguém ia fazer. Fiz uma reclamação no Conselho Regional de Medicina. Então entrei nesse grupo de laqueadura ser-

filhos, procurei indicações e achei a doutora com quem estou agora. Foi uma consulta on-line e a primeira coisa que falei foi que queria fazer a laqueadura e ela disse: "Que ótimo". Ela me perguntou algumas coisas de saúde, falou que também tinha feito porque não queria ter filho.

Ela me falou dos outros métodos, e cogitei o DIU de cobre. Se eu não me adaptasse, faria a laqueadura. Mas aí eu fiz um ultrassom abdominal e descobri que não tenho um dos rins! Aos trinta anos! A negativa de exames do outro médico atrasou a descoberta de que um dos meus rins não tinha se desenvolvido. Depois descobri que tenho um útero unicorno, uma das trompas não se liga com útero e não consigo usar DIU. A médica disse que é muito difícil que eu engravide sem tratamento, mas, se acontecer, tenho um sério risco de gravidez na trompa. Precisei passar por tudo isso para saber.

As pessoas falam: "Você quer fazer a laqueadura, mas e se encontrar alguém que queira ter filhos, o que você vai fazer?". Hoje, eu tô namorando e ele não quer, vai fazer vasectomia, para ele não é uma questão. Acho que não estaria num relacionamento com alguém que queira muito ter filhos.

Fiquei indignada, porém não surpresa com o relato de Ângela. Já vivi e ouvi muitas histórias que escancaram o descaso de pessoas cuja profissão é cuidar das mulheres, mas que, na prática, são violentas com elas. A lei nº 9263, de 1996, previa que pessoas com mais de 25 anos ou com dois filhos vivos poderiam fazer vasectomia ou laqueadura. Para os casados, era necessário consentimento do cônjuge. Em 2022, a lei foi alterada, a idade mínima diminuiu para 21 anos e não há mais a obrigação de anuência do cônjuge. É preciso esperar 60 dias entre a manifestação da vontade de fazer os procedimentos e a cirurgia.

Apesar de a lei garantir esse direito, muitas têm dificuldade de usufruí-lo. Médicos intrometidos fazem perguntas horrorosas como "O que seu marido acha?" ou "E se você encontrar um homem que queira filhos?", como se a mulher fosse uma incubadora. Outros MENTEM e dizem que a cirurgia só é permitida para quem tem 21 anos e dois filhos. Nesses casos, o ideal é anotar o CRM desses profissionais e denunciá-los ao Conselho Regional de Medicina do seu estado. Essa visão da mulher como reprodutora e a tentativa de controlar o que ela deve fazer com o próprio corpo não difere da medicina do Brasil Colônia.

Vários médicos se negam a fazer laqueadura em mulheres que não tem e não querem ter filhos, alegando objeção de consciência – afinal, ter filhos é uma coisa tão incrível ao qual todos (e principalmente TODAS) estamos destinados. Outros usam como desculpa o fato de que têm medo de que a paciente se arrependa e os processe, sendo que a lei deixa claro que a pessoa precisa registrar sua vontade e esperar 60 dias até fazer o procedimento.

No meu caso, o processo foi bastante simples. Assim como Ângela, descobri pelo grupo "Laqueadura sem filhos" do Facebook um médico que realizava o procedimento. O plano de saúde me orientou a ligar para todos os profissionais da sua rede credenciada que faziam o procedimento e perguntar se fariam em uma mulher sem filhos. Diante da negativa de todos, o plano teve a obrigação de cobrir a cirurgia com um médico indicado por mim.

A lei prevê que quem manifesta o desejo de fazer vasectomia e laqueadura receberá atendimento de uma equipe multidisciplinar para desencorajar a esterilização precoce. Por ter feito a cirurgia na rede privada, não foi necessário passar por esse processo. A intenção é boa: deixar claro para o solicitante as consequências de fazer o procedimento, irreversível para mulheres. A consequência não: pessoas que não querem gestar ou que já gestaram e não querem gestar de novo são constrangidas a não acessarem um direito previsto em lei.

Não importa qual desculpa esfarrapada o médico dê, o que está por trás dela é a ideia de que todas as mulheres nasceram para parir e maternar. E não surpreende que esse conservadorismo violento esteja presente em profissionais de saúde mental.

CAPÍTULO
08

✗✗✗✗✗✗✗✗

FREUD TINHA MUITA INVEJA DO CLITÓRIS

Agora eu vou falar mal de *Freud*.

ELA DEVE ESTAR COM MUITA INVEJA DO MEU pênis.

SUA INFLUÊNCIA CULTURAL É TÃO GRANDE QUE TEMOS QUE OUVIR *Freud explica* MESMO EM SITUAÇÕES CORRIQUEIRAS.

AH! ELE TEM O MÉRITO DE TER *ouvido as mulheres*? TÁ VENDO COMO HOMEM PRECISA *fazer o mínimo* PRA GANHAR BISCOITO?

A MAIORIA DAS COISAS EU NEM ME DARIA AO TRABALHO DE EXPLICAR.

MAS ESSA METÁFORA DE COMER MINHA CABEÇA É: FIXAÇÃO NA FASE ORAL, NARCISISMO, HISTERIA E *inveja do pênis*.

133

EU VOU DAR ALGUNS CRÉDITOS A FREUD. Um deles foi ter compreendido a fala como um instrumento de cura. Outro foi ter ressaltado a importância do inconsciente na psicologia. Ele descreveu bem neuroses e costumes da sua época e lugar – ele nasceu em 1856 e viveu em Viena. Criou lá o termo complexo de Édipo, muito usado hoje em dia como desculpa para justificar por que homens são folgados e estão sempre precisando de uma mulher para cuidar deles.

Na sociedade vitoriana em que Freud viveu, os papéis de gênero que Rousseau ajudou a criar já estavam consolidados. Se na Idade Média as mulheres eram vistas como seres lascivos, pecaminosos e suscetíveis às tentações do corpo, no século 19 estava definido que éramos dóceis, virginais, maternais, cuidadoras e não curtíamos sexo tanto assim.

É evidente que uma sociedade que confina mulheres ao lar e retira delas qualquer possibilidade de prazer intelectual, artístico ou sexual é enlouquecedora. Tão enlouquecedora que o corpo delas começou a protestar e a manifestar em si tudo que essa repressão fazia. Algumas ficavam mudas, mesmo sem ter problemas nas cordas vocais; outras, paralisadas, mesmo sem ter problemas para andar. Outras ficavam muito tristes e melancólicas. Outras tinham palpitações e falta de ar que hoje em dia seriam tratadas com Rivotril. Outras tinham o comportamento exaltado, gritavam e, segundo os filmes, estavam sempre descabeladas. Todas elas recebiam o mesmo diagnóstico.

E foram essas as mulheres que Freud ouviu e sobre as quais falou um monte de bobagens que são repetidas até hoje. Ele não foi um homem que chegou a uma sociedade horrorosa e provocou uma revolução que libertou as mulheres. Ele foi e é um dos principais pensadores que estruturou o patriarcado nos moldes contemporâneos e isso deveria ser óbvio considerando que sua compreensão da "natureza feminina" é baseada na ideia de INVEJA DO PÊNIS.[36] Em 1925, ele escreveu, em **ALGUMAS CONSEQUÊNCIAS PSÍQUICAS DA DISTINÇÃO ANATÔMICA ENTRE OS SEXOS**[37]:

> **ELAS NOTAM O PÊNIS DE UM IRMÃO OU COMPANHEIRO DE BRINQUEDO, NOTAVELMENTE VISÍVEL E DE GRANDES PROPORÇÕES, E IMEDIATAMENTE O IDENTIFICAM COM O CORRESPONDENTE SUPERIOR DE SEU PRÓPRIO ÓRGÃO PEQUENO E IMPERCEPTÍVEL; DESSA OCASIÃO EM DIANTE CAEM VÍTIMAS DA INVEJA DO PÊNIS.**

Sim! Ele estava falando que nós, mulheres, somos tomadas por tamanha inveja da tal piroca do amiguinho que isso nos marca pelo resto da vida! É a nossa castração. E ele NÃO ESTÁ SENDO METAFÓRICO! Ele não está falando do falo como símbolo de poder, e sim do pênis de carne e corpo cavernoso.

Entendo plenamente a ideia de que mulheres possam ter inveja do falo, mas do falo como símbolo de poder. Afinal, são os homens portadores de pau que têm voz, espaço, oportunidades, reconhecimento. Em 1949, a filósofa **SI-MONE DE BEAUVOIR** já havia chamado atenção para isso em O segundo sexo:[38]

> **NÃO É A AUSÊNCIA DO PÊNIS QUE PROVOCA O COMPLEXO E SIM O CONJUNTO DA SITUAÇÃO: A MENINA NÃO INVEJA O FALO A NÃO SER COMO SÍMBOLO DOS PRIVILÉGIOS CONCEDIDO AOS MENINOS; O LUGAR QUE O PAI OCUPA NA FAMÍLIA, A PREPONDERÂNCIA UNIVERSAL DOS MACHOS, A EDUCAÇÃO, TUDO A CONFIRMA NA IDEIA DE SUPERIORIDADE MASCULINA.**

Mas Freud não fala de construção social, ele trata de biologia – o nome do artigo deixa bem claro –, apaga a cultura e as normas sociais e fala que as meninas se sentem castradas por uma questão inata e biológica que é ter nascido com buceta em vez de pinto. O nosso revolucionário pensador não se diferencia tanto assim dos psicólogos evolucionistas, não é mesmo?

E não para por aí. Freud vai além e diz que existe uma "solução" para a síndrome de castração feminina[39]:

> **NO ENTANTO, A SITUAÇÃO FEMININA SÓ SE ESTABELECE SE O DESEJO DO PÊNIS FOR SUBSTITUÍDO PELO DESEJO DO FILHO, PORTANTO, SE O FILHO ENTRAR NO LUGAR DO PÊNIS, DE ACORDO COM UMA VELHA EQUIVALÊNCIA SIMBÓLICA.**

É exatamente isso que você leu. O filho é um dildo da mulher, literalmente um CONSOLO para o fato de que somos biologicamente castradas por natureza. É a partir da gestação e da maternidade que resolvemos a suposta castração. E não venha passar pano dizendo que ele reviu vários pensamentos. Esse pensamento é de 1933, seis anos antes de sua morte.

Outra coisa extremamente violenta e influente que Freud propagou foi a ideia de que o clitóris, órgão essencial ao prazer feminino, era inferior ao pênis.[40] Em seus influentes ensaios sobre a sexualidade, publicados em 1905 e revisados até a versão final, em 1925, ele largou uma teoria maluca em que meninas têm orgasmo clitoridiano e, quando amadurecem, prevaleceria o orgasmo vaginal – portanto, quem não conseguisse gozar durante a penetração era considerada frígida e imatura.[41]

Talvez ele só quisesse ter uma boa desculpa por não saber como satisfazer suas parceiras, mas acabou invisibilizando nossa fonte de prazer ao falar um monte de porcaria cuja base científica é nula. Se hoje tem tanto bobão que acha que sexo gira em torno do pau e se acha bom de cama, pode ter certeza de que o barbudo de Viena contribuiu para essa construção de transa focada na penetração. E não, o clitóris não era uma coisa desconhecida antes dele.[42]

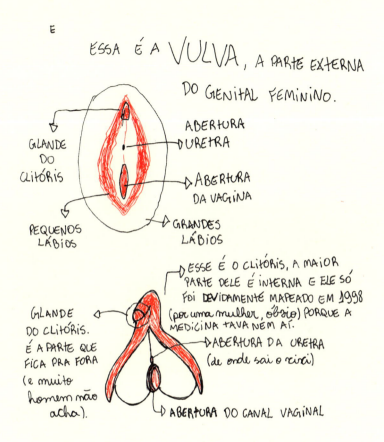

Agora que pincelei as barbaridades que Freud disse sobre mulheres, pergunto: dá mesmo para chamar de revolucionário um cara que colocava o órgão feminino como algo a quem faltava o pau, dizia que o clitóris era inferior ao pênis e falava que é por meio da maternidade que uma mulher resolve uma castração literal que nunca existiu? Não. Ele é um dos pensadores que sustenta um monte de coisa que a gente aguenta. Na fala da psicanalista de Ângela, por exemplo, fica claro que ela esperava da paciente a tentativa de superar seus traumas familiares por meio de uma criança. Como Freud diria (e desta vez com razão): a psicanalista PROJETOU em Ângela uma questão sua.

E não adianta passar pano para Freud dizendo que ele era "um homem de seu tempo". Ele é um homem do nosso tempo, tendo em vista a sua popularidade – e o seu peso na formação de psicanalistas. Ele é, aliás, um dos homens que ajudaram a alicerçar o discurso patriarcal contemporâneo. Contudo, não posso deixar de destacar que ele fez algumas observações sagazes sobre a sociedade, que, se lidas como um retrato da época, são um registro de modo de vida e da história do pensamento. Muitas das terminologias desenvolvidas por ele para nomear comportamentos – como projeção, narcisismo, sublimação – são úteis até hoje. Extrapolar seus escritos para toda a humanidade, contudo, é falta de consciência de gênero, raça e classe e desconsiderar como as estruturas sociais de opressão contribuem para o adoecimento mental.

Ah, mas a psicanálise evoluiu a partir de Freud? Sim e não. A evolução não foi Lacan. O francês Félix Guattari, o martinicano Frantz Fanon, o alemão Erich Fromm, a brasileira Lélia Gonzalez, entre muitos outros, são alguns exemplos de psicanalistas que deram um passo além, enfatizando a importância de considerar a dimensão política e social na clínica, além de criticarem a ênfase excessiva que o vienense dava à sexualidade, que é apenas um dos aspectos da existência humana. Provavelmente, ao destacar a sexualidade como fonte universal de neurose, Freud estava PROJETANDO.

Muitas feministas irão discordar de mim na crítica ferrenha que faço ao fundador da psicanálise e terão bons argumentos para isso. A psicanalista Valeska Zanello, que desenvolve um importante trabalho sobre gênero, e que muito utilizo aqui, dialoga com o trabalho de Freud (e de vários outros teóricos e teóricas). Como os supracitados, ela enfatiza a experiência coletiva na formação das subjetividades.

Quando me debruço sobre a questão, é evidente que sei que NEM TODO PSICANALISTA e NEM TODO PROFISSIONAL DE SAÚDE partilham dos mesmos princípios. Porém, violências como essas sofridas por Ângela são frequentes o suficiente para não serem consideradas meras exceções. Não irei terminar por aqui a conversa sobre violência médica contra mulheres. O relato a seguir – de uma psicanalista negra – é chocante e fala de violência sexual e institucional contra uma mulher que fez um aborto, e pode ser incômodo para algumas pessoas.

CAPÍTULO
09

A GENTE NÃO QUER SÓ COMIDA, A GENTE QUER COMIDA, JUSTIÇA REPRODUTIVA E ABORTO LEGAL

"O PRIMEIRO ABORTO FOI UMA SENSAÇÃO DE ALÍVIO, O SEGUNDO FOI HORRÍVEL POR CAUSA DO TRATAMENTO HORROROSO."
Paula, 39 anos, psicanalista, negra, Minas Gerais

Sou a filha mais nova de uma família de seis filhos, três homens e três mulheres. Minha mãe é uma mulher negra e meu pai é um homem branco. A diferença de idade entre mim e meu irmão mais novo é de 16 anos, eu sou a mais nova de todos. Minha irmã mais velha tem 71.

Quando eu nasci, minha família já tinha uma condição financeira um pouco melhor. Antes, meus irmãos e pais passaram muitas necessidades e dificuldades. Meu pai chegou a trabalhar em condição análoga à escravidão e minha mãe ajudou a alfabetizá-lo. Depois ele passou no concurso de técnico do INSS, então, a condição dele já era razoável quando eu nasci.

Mas eu sempre ouvi minha mãe dizendo que era muito difícil ter tantos filhos e mais difícil ainda não contar com a ajuda do meu pai para criá-los. Eles são separados e ele nunca se ausentou financeiramente, mas nunca trocou uma fralda. Ela conta que ele saía pra dançar à noite, nas corrutelas. Ela ficava sozinha à noite em um lugar no meio do mato, roça, sem eletricidade, em um lugar cheio de cobras. Ela ficava na janela segurando uma lamparina, grávida, e o meu pai se divertindo.

Minha mãe aconselha todo mundo que ela pode a não ter filhos, ela é maior propagandista da não maternidade. A gente está no Uber e ela pergunta pra motorista se ela tem

ne cercam compreendem, mas eu sinto que é um discurso que assusta muita gente, uma mulher que foge a esse instinto feminino.

Ela só cursou o primário e não pôde estudar mais. Não tinha acesso ao anticoncepcional, só teve depois que se mudaram para uma cidade maior. Ela tomou durante anos e, assim que ela parou, engravidou. Meu pai levou a minha mãe pra fazer um aborto porque diziam que se uma mulher tomava pílula por muitos anos e parava, o bebê nascia com malformação. Ela se arrepende, era uma clínica horrível, infestada de baratas. Logo depois ela engravidou de mim.

Eu sou favorável ao aborto e fiz dois. O primeiro aos 28 quando estava em um relacionamento que eu sabia que ia acabar logo, pois havia recebido uma proposta de trabalho em outro estado e estava decidida a ir. Descobri que estava grávida e no mesmo dia fui à Praça Sete, em Belo Horizonte, que é um centro que vende de tudo, e comprei um Cytotec. Fui pra casa da minha amiga, tomei e foi relativamente tranquilo.

O segundo foi muito horrível, eu tinha 31 anos. Saí com um cara que conheci no Tinder e ele provavelmente colocou alguma coisa na minha bebida. Só tenho flashes dessa noite, tenho alguns flashes de estar no chuveiro passando muito mal. Tomei pílula do dia seguinte, mas engravidei do mesmo jeito.

Comprei Cytotec pela internet e não funcionou, provavelmente era falso. Então comprei outro remédio que chamavam de 486 e pedi pro meu médico me ajudar. Ele colocou o remédio no colo do útero com uma pinça. Depois de umas horas comecei a sentir uma dor terrível, muito diferente da primeira vez. Comecei a desmaiar, fui pro hospital. Estava vomitando e evacuando de tanta dor e fui muito humilhada.

O médico me deixou no corredor do hospital, vomitada, ca
jada. Ele sacou o que tava acontecendo e disse: "Na hora você
gostou". Ele me deixou horas sem analgésico. Fui sentindo
muita dor e não passava. Depois me deram vários analgésicos
mas a dor não passava. Fiquei dez horas lá. No final, um card
veio falar comigo, dizendo que eu precisava ser transferida
para Belo Horizonte em caráter de urgência. Ouvi um outro
médico falar: "Vai morrer igual um passarinho".

Era uma gravidez tubária, minha trompa rompeu e eu
estava com hemorragia interna. Fizeram essa cirurgia nesse
hospital, estancaram a hemorragia e cortaram a trompa que
tinha rompido. Tinha sido tranquilo da outra vez, nem sabia
que a gravidez ectópica existia, só soube quando passei por
isso. Depois disso, tentei a cirurgia de laqueadura pelo plano e
pelo SUS e não consegui.

Foi horrível o que eu passei porque o médico me violentou
de diversas formas. Se o médico tivesse me acolhido, teria sido
tranquilo. O primeiro aborto foi uma sensação de alívio, o segundo, por causa do tratamento, foi horrível.

Tenho transtorno de pânico há muitos anos e estou em
tratamento psiquiátrico. Mas sigo em frente, leio bastante
sempre fui interessada em artes, poesia, literatura. Estudo
bastante, faço dança do ventre há alguns anos e faço apresen-
tações, estou fazendo mestrado.

Trabalho no meu consultório particular. Faço parte de um
coletivo composto por psicanalistas negros. Temos como referência pessoas como Lélia Gonzalez e Virgínia Bicudo, primeira mulher psicanalista do Brasil. Esse coletivo foi criado
para estabelecer novos fundamentos da psicanálise a partir
da questão central do racismo. Nosso método de pesquisa nos
coloca diante de histórias muito violentas ocorridas com mu
heres negras. Esse trabalho, que começou na pandemia, va

completar três anos e está bem consistente. Estamos concentrados em oferecer uma formação para psicanalistas jovens. A psicanálise reduz todo sofrimento à família nuclear. A psicologia social está avançada nisso, a psicanálise, não. Estudo psicanálise há dez anos e comecei a clínica há dois. Na minha clínica, a maioria das pacientes são lésbicas e não querem ter filhos. Mas tem uma mulher negra que tem filho e odeia ter tido, tem outras que não querem. Outra está passando por uma depressão muito grave, ela tem uma bebê de 30 dias e não consegue segurar, nem dizer o nome da criança. Não tenho nenhuma paciente que goste de ser mãe."

CREIO QUE, DEPOIS DESSA HISTÓRIA, a chama do ódio contra o patriarcado ardeu mesmo nas mulheres que não se permitem acessar a raiva por vê-la como um sentimento negativo demais para ser validado. A narrativa de terror real de Paula nos traz muitos elementos pavorosos e assustadoramente comuns.

Mesmo tendo engravidado por violência sexual, um dos casos em que o aborto é legal no Brasil,[xv] Paula compreensivelmente escolheu não passar pelo processo de reivindicar esse direito. Ela já havia feito um aborto medicamentoso, foi rápido, não teve problemas e, por isso, decidiu fazer de novo. Porém, se deparou com vendedores de medicamentos falsos que se aproveitam da fragilidade das pessoas e também com uma situação que poderia ser evitada se houvesse uma conversa pública aberta sobre o assunto.

A gravidez ectópica, em que o embrião se implanta nas tubas uterinas, e não no útero, acontece em cerca de 2% das gestações.[43] Se o feto se desenvolver nessa região e não for identificado a tempo, pode haver o rompimento da tuba. Por isso, antes de fazer um aborto, é importante realizar um ultrassom para verificar se não é esse o caso. Se for, o próximo passo é procurar um serviço de saúde relatando o problema – sem jamais dizer que você pensava

---

[xv] O Artigo 124 do Código Penal Brasileiro pune com três anos de pena a mulher que provocar aborto em si mesma. Os Artigos 125 e 126 punem o terceiro que fizer o aborto em uma gestante com ou sem a concordância dela. No Artigo 128 são previstas exceções em que o aborto é legal no Brasil: em caso de estupro ou de risco à vida da gestante.

em fazer um aborto, pois infelizmente as instituições são violentas com pessoas que abortam.

Se o embrião se fixou no útero, é possível fazer o aborto medicamentoso até as 12 semanas de gestação, assim como, recomendado pela Organização Mundial da Saúde (OMS) e utilizado amplamente nos países em que o aborto é legal. Os outros métodos são a aspiração do útero por meio de um equipamento de sucção (AMIU) e a curetagem, esta última a técnica mais antiga, invasiva e propensa a complicações, e desaconselhada pela OMS. E adivinha qual dos métodos é o mais utilizado nos serviços hospitalares do Brasil? A curetagem, utilizada em 90% dos casos[44] de atendimento a situações de aborto espontâneo, incompleto, legal ou complicações de aborto provocado.

Chama a atenção que em nenhum momento Paula diz se arrepender do aborto ou dizer que o aborto foi traumatizante. Ela mesma narra que o primeiro foi tranquilo e aliviante. O que a machucou foi ter passado por uma experiência médica violenta – que se somou à violência sexual. A revitimização de mulheres que não querem levar uma gravidez adiante, recorrem à clandestinidade e acabam tendo complicações é algo odiosamente corriqueiro.

Em seu livro *O acontecimento*,[45] a escritora francesa Annie Ernaux fala de quando precisou fazer um aborto ilegal e clandestino, na França de 1963. Na época, o Cytotec (Misoprostol) ainda não havia sido desenvolvido. Ela encontrou, depois de muito procurar e se estressar com isso, uma mulher que fez o procedimento. Annie teve complicações, foi levada ao hospital, onde foi maltratada pela equipe médica. Nunca se arrependeu de não ter levado a gravidez adiante. O mesmo aconteceu com esta outra entrevistada:

"VOCÊ JÁ ESTÁ TÃO MAL E A PESSOA VAI LÁ E CHUTA CACHORRO MORTO."

Maria, 39 anos, engenheira-agrônoma, branca, Minas Gerais

Engravidei quando estava com 26 anos, fiz um aborto que foi bem resolvido, tirando o estresse que traz o fato de isso ser um crime neste país. Eu engravidei uma segunda vez de um ex abusivo e me senti meio tocada. Não foi igual à primeira vez que eu falei um "não, o que é isso", nesse meu segundo aborto, estava muito sozinha. Esse ex abusivo disse que ia me apoiar, mas ficou achando que eu estava de frescura. Depois de tomar o remédio abortivo, precisei fazer curetagem e ouvi coisas bem doídas no hospital. Quando acordei da anestesia, o anestesista olhou para mim e falou: "Você conseguiu uma anestesia geral grátis". Você já está tão mal e a pessoa vai lá e chuta o cachorro morto...

Todas essas experiências são condizentes com um estudo realizado por acadêmicas da University of California San Francisco e coordenado por Diane Greene Foster. O *Turnaway study* acompanhou mil mulheres que buscaram o aborto em 30 clínicas de 21 estados estadunidenses. Durante seis anos, elas foram entrevistadas a cada seis meses.

As mulheres que conseguiram realizar o procedimento relataram um misto de emoções negativas e positivas logo depois, sendo ALÍVIO a mais predominante. A intensidade dos sentimentos diminuiu ao longo do tempo. Cinco anos depois, 95% delas disseram que o aborto foi a decisão correta.[46] Várias mulheres tiveram o aborto negado, por questões como o tempo de gestação. Essa negativa foi correlacionada a condições econômicas mais desfavoráveis após cinco anos, e maior prevalência de sentimentos negativos com relação à maternidade e à criança.

Estudos qualitativos brasileiros que se ocupam de ouvir as mulheres sobre suas experiências com aborto também encontram uma multiplicidade de sentidos a essa vivência, em que a diversidade de significações se relaciona com as disputas sociais, morais e políticas em torno do aborto, inclusive no que dizem a respeito às expectativas sociais em relação à maternidade. Em geral, esses estudos indicam que a experiência é traumática por causa da criminalização e do estigma.[47]

Nunca precisei fazer um aborto, mas não hesitaria em fazer um se tivesse precisado. Conheço muitas mulheres que já fizeram. Nenhuma delas se arrepende – em todas, o sofrimento, quando há, está mais ligado à clandestinidade ou às circunstâncias que cercam o aborto, como violência sexual ou relacionamento abusivo. Com certeza você também conhece ou é alguém que já abortou: a Pesquisa Nacional do Aborto, realizada no Brasil em três momentos (2010[48], 2016[49] e 2021[50]), coordenada pela antropóloga Debora Diniz, estima em meio milhão o número de abortos realizados anualmente no país e, em sua edição mais recente, indica que, até os 40 anos de idade, uma em cada sete brasileiras terá feito ao menos um aborto. Diante dessa realidade, eu jamais diria uma frase que muita gente diz, achando que está ajudando:

Há um parêntese, contudo. Um mundo em que todas as pessoas que abortam ESCOLHAM fazer um aborto é utópico – mas nunca impossível, senão não adianta lutar, né? E esse mundo não é utópico apenas porque o aborto ainda é clandestino em muitos lugares. A questão é que em muitos casos não se trata de escolha. Paula decidiu fazer um aborto por causa de uma situação pela qual ela nem deveria ter passado.

Muitas mulheres se descobrem grávidas e fazem um aborto porque não querem ter um filho naquele momento, querem estudar, viajar e realizar outros sonhos. Outras porque não querem ter filhos nunca. Mas há várias que buscam o procedimento porque foram estupradas ou porque lhes foi negado o acesso à educação sexual ou a métodos contraceptivos eficientes – e isso não está no campo da escolha. Por isso, a discussão sobre interrupção da gravidez não pode ser desvinculada da ideia de justiça reprodutiva, que abarca o aborto, mas também a prevenção, o acolhimento e a possibilidade de viver a maternidade de forma não precária para mulheres que são ou querem ser mães.

O direito ao aborto legal não deve ser visto como "a única alternativa para evitar que mulheres MORRAM realizando o procedimento", porque o aborto é um procedimento milenar, que mulheres fazem e seguirão fazendo mesmo que a proibição dificulte. Mas quando dizemos que o aborto tem que ser livre de culpa e terror não estamos falando que ele deve ser usado como método contraceptivo, como muito mané intrometido e antiescolha pensa. Os métodos contraceptivos – DIU de cobre, DIU hormonal, implantes hormonais, pílulas anticoncepcionais, laqueadura, vasectomia, camisinha e outros – devem ser amplamente disponibilizados e utilizados, e o acesso a eles não deve ser dificultado, como no caso da laqueadura.

Na história de Paula, fica claro que existe um aspecto por vezes punitivo na gestação. Quando falam coisas como "na hora de fazer foi gostosinho" enquanto uma mulher está sofrendo no parto ou abortando, o que está implícito é: "Você trepou, ousou ter uma vida sexual, agora bem feito sua vadia que transa e que não usou nenhum método contraceptivo, engravidou porque quis". Trazer a sexualidade para o debate sobre o direito ao aborto importa também para escancarar esse punitivismo e para reivindicar o prazer, a educação sexual e a possibilidade de viver relações afetivas e sexuais livres de coerção.

Essa disputa narrativa em torno do tema tem aparecido inclusive no campo feminista na América Latina. O lema "Educação sexual para decidir, anticoncepcionais para não abortar, aborto legal para não morrer" é conhecido desde a década de 90 e ganhou, recentemente, uma versão que enuncia essas novas possibilidades narrativas: "Educação sexual para descobrir, anticoncepcionais para aproveitar, aborto legal para decidir".[51] Um jeito de recolocar o aborto como um direito que não precisa "ser evitado a qualquer custo" e, sim, garantido de forma segura.

Outro absurdo implícito na violência que Paula sofreu é a ideia de que mulheres engravidam sozinhas, magicamente, e homens não têm responsabilidade nenhuma nisso. Por isso mesmo que toda vez que um homem reclama de ser pai, de que uma mulher "deu o golpe da barriga" nele (mesmo que seu patrimônio se resuma a um Playstation), de que a namorada engravidou e ele não sabe o que fazer eu digo:

Além do cerceamento da sexualidade feminina e da gravidez como punição, o discurso antidireitos gosta muito de defender o feto. Para eles, desde o momento em que o espermatozoide encontra o óvulo, há uma vida. Eles são muito obcecados com isso e, toda vez que se está discutindo políticas públicas para que pessoas consigam acessar o aborto legal sem constrangimento ou para que quem chega em processo de abortamento no hospital não morra de hemorragia na sala de espera, um deles levanta o dedo e fala: "Mas precisamos discutir a vida do feto".

Caso isso aconteça, não engaje. Use uma técnica maliciosa para frear a evolução do debate. Diga para o antidireitos ir discutir se o pulso do feto bate no ritmo da trombeta dos anjos em algum fórum conservador da internet e siga falando sobre o que interessa.

É porque essas pessoas não estão interessadas na vida, na verdade. Porque a vida das mulheres que engravidaram e não desejam levar a gestação adiante não vale nada para eles. Vale tão pouco que alguns defendem que o aborto não seja legal em nenhuma circunstância e que meninas de 10 anos grávidas por causa de um estupro não possam acessá-lo. Como Janaína (p. 69) disse: *"tem mulheres que não queriam isso, ficam muito preocupadas e receosas, olham pra mim e dizem 'poxa, eu ia começar a estudar ano que vem' com a sensação de vida interrompida"*.

Por essas e outras, o aborto legal deve ser uma luta feminista.

A JUSTIÇA REPRODUTIVA E O DESEJO DE NÃO SER MÃE NÃO PODEM SER DESVINCULADOS DA destruição do patriarcado E DO COMBATE FERRENHO À VIOLÊNCIA DE GÊNERO.

(ESSA IMAGEM É UMA METÁFORA, NÃO UMA SUGESTÃO)

Conheço poucas mulheres que não foram vítimas de violência sexual. Nenhuma que não tenha sofrido assédio. Estranhamente, não conheço nenhum homem que admita ter assediado ou abusado de uma mulher. Sofri violências sexuais na infância e algumas depois de adulta. Algumas dessas violências só fui entender como tais depois de um tempo – estava bêbada demais para consentir ou para perceber quando um homem não usou a camisinha.

Sabemos que o preservativo é importante para prevenir não só a gravidez como também as Infecções Sexualmente Transmissíveis (ISTs), entre elas HIV, sífilis, gonorreia e clamídia. Mas alguns homens parecem que não estão nem aí para a própria saúde e muito menos para a saúde das mulheres. Tampouco se importam com o nosso consentimento.

É comum que pensemos estupro como um homem que surge do nada num beco escuro e ataca uma mulher, quando a maioria das violências sexuais é perpetrada por alguém que a vítima conhece – parentes, amigos e até mesmo parceiro sexual. Recentemente tem se falado mais de uma perversa forma de estupro que consiste em tirar a camisinha sem que a parceira perceba. Isso aconteceu com Estela, cujo relato se segue.

"Vivo com HIV; não quero trazer ao mundo uma pessoa que vai viver com esse estigma."
Estela, acadêmica de sociologia, 35 anos, branca, Rio de Janeiro

Fui fazer exames de rotina para colocar um DIU, mesmo não tendo um relacionamento naquela época, porque tenho muito pânico de engravidar. Aí eu percebi o quanto a gente se preocupa muito mais com gravidez do que com doença. A médica pediu um montão de exame de ISTs e fui tranquila fazer, levava camisinha muito a sério.

São quatro negocinhos de teste rápido para hepatite B, hepatite C, sífilis e HIV. Nenhum dos três primeiros reagiu, mas aí o enfermeiro disse: "O de HIV está dando positivo". Ele pegou o exame de outra marca e deu positivo também. Ele me deu um tempo, saiu da sala. A primeira coisa que fiz foi ligar para o meu amigo que vive com HIV há oito anos. Eu estava muito desesperada, sem chão.

Tenho quase certeza de como foi a contaminação. Acho que foi na vez que um cara do Tinder tirou a camisinha sem meu consentimento. Não era a primeira vez que eu estava saindo com ele. Ele tirou a camisinha e falou: "Achei que você tivesse percebido". Eu falei: "Porra, cara, vai embora".

Gostaria de deixar registrado que é um cara muito progressista, muito de esquerda, que apoia as mulheres. Um cara inteligente, que tem carreira e tudo mais, o papo estava sendo ótimo. Um cara muito progressista e feminista. Ele acabou com meu consentimento. Não vou ser a pessoa que vai denunciar

panhei muitas vítimas de violência sexual grave e as mulheres foram muito maltratadas.

Eu sabia da existência da profilaxia pós-exposição (PEP), eu podia ter ido à emergência. Mas a única coisa que eu pensei foi: "Estou no dia fértil? Existe possibilidade de engravidar?" Por que eu não fiz uma PEP? Ainda tenho esse sentimento de culpa.

Nunca desejei um filho quando criança e, depois que fiquei adulta, eu fui perceber que eu não queria mesmo. Agora ainda tem a questão de que eu não teria um filho tendo HIV. É muito provável que filhos de quem vive com HIV nasçam sem o vírus, mas tem a chance de nascer com. A doença é manejável, estou saudável, tomo mil vacinas e o SUS funciona muito bem. Mas as pessoas estigmatizam. Não quero trazer pro mundo uma pessoa para viver esse estigma comigo.

Minha família é metodista, uma igreja protestante. Minha bisavó já era crente, minha mãe e minha vó foram criadas crentes. Durante 20 anos, eu também era da igreja, ia todo domingo, às vezes terça e quinta. Era o caminho natural casar-se com um rapaz da igreja, virgem e, em algum momento do casamento, ter filhos. Fui criada achando que esse era o caminho natural, mas eu sempre fui um pouco desviante.

Nunca desejei véu e grinalda, achava um grande desperdício de dinheiro. Quando você vai ficando mais velha, começam a perguntar quando vai se casar, quantos filhos vai ter, isso é muito comum quando você é adolescente na igreja. Eu dizia que não queria, e as pessoas ficavam dizendo que era porque eu tinha 18 anos, que isso ia mudar. Tenho 35 anos e nada mudou.

Percebi na análise que tem uma coisa que me afasta muito do desejo de maternar. Minha irmã só tem um ano a menos que eu, mas meus pais trabalhavam muito. Desde muito pequena, eu achava que tinha uma responsabilidade enorme sobre minha irmã. Então, por exemplo, comecei a ir à festa de dia das mães dela, porque minha mãe raramente podia ir. Aquilo foi ruim pra mim. Achava que eu tinha a obrigação de suprir coisas pra minha irmã que meus pais não conseguiam. Acho que isso me enjoou muito cedo. Desde muito novinha eu tinha noção de como era chato ser responsável por alguém.

Minha mãe sempre dizia: "Quando você tiver filho, você vai ver". E eu sempre perguntava para ela: "Por que eu tenho que ver? Parece ruim". E ela dizia que era a melhor coisa do mundo, e eu não entendia como podia ser bom. Ela dizia: "O que seria de mim sem vocês?" e eu respondia: "Você ia ser você, só que sem duas filhas". Durante muito tempo, ela não compreendia como eu não desejava a maravilha da maternidade. Depois de muitos anos, ela finalmente falou: "Sabe que eu entendo você? Não acho que é pra todo mundo, não. É a melhor coisa do mundo, mas a gente tá sempre angustiada. Tem gente que não consegue viver com essa angústia".

Atualmente, estou fazendo doutorado em sociologia da religião. Faço uma pesquisa comparada entre os neopentecostais e a galera namastê, os narcisistas espiritualizados. Eles têm muitas semelhanças e minha hipótese é que a gente não enxerga essas diferenças por conta de um recorte de classe. Além de estudar, tenho preferido ficar em casa, faço programas de senhora. Já gostei muito de sair, mas hoje tenho medo de não conseguir voltar em segurança.

Notei entre os depoimentos que colhi um misto de questões estruturais e individuais no desejo de não ser mãe. Tanto Raíssa (p. 87) quanto Paula (p. 143) querem ter tempo para estudar e fazer coisas de que gostam, como capoeira ou dança do ventre. Mas ambas vieram de lares pobres, com mães exaustas e pais ausentes. Entre as mulheres de classe mais alta, a questão das vontades individuais é mais enfatizada.

No caso de Estela, o desejo de não ser mãe também sempre esteve presente, e inclui a ter tido que cuidar da irmã. Mas sua vida foi atropelada porque um estuprador desprezível, criminoso, irresponsável – e muitos outros adjetivos que não é elegante usar aqui – decidiu tirar a camisinha. Essa questão adicionou mais uma camada, totalmente alheia à sua vontade: embora ela saiba que é possível viver com HIV e que o SUS forneça acompanhamento, a doença ainda é estigmatizada.

Raíssa e Paula também têm em comum a ideia de que, talvez um dia, adotem uma criança preta[XVI]. Isso demonstra que a ideia de ter um filho em si não é totalmente rejeitada por elas e existe uma vontade de oferecer a uma criança oprimida uma vida melhor. Esses intricamentos indicam que a maternidade e a não maternidade não são assuntos tão simples e que se tornam superficiais quando não se faz recortes de raça, classe e uma análise das motivações que levam mulheres a decidirem abortar.

Vários depoimentos mostraram que a maternidade é compulsória. Para algumas, ela é imposta desde cedo, quando têm de cuidar de irmãos em detrimento da escola.

[XVI] A informação de que Paula cogita adotar uma criança preta aparece em outro trecho da entrevista, que ficou de fora deste livro.

Para outras, ela fica clara na violência médica e de profissionais de saúde mental quando manifestam que não querem ter filhos. Em várias, a família ou parceiros afetivos pressionam. As que engravidaram, mas não queriam estar grávidas, não tiveram o direito ao aborto garantido sem violências institucionais.

Mulheres que desejam ser mães e não o fazem porque não têm recursos econômicos ou rede de apoio têm um motivo muito legítimo e extremamente compreensível, mas também não estão escolhendo, porque motivo é diferente de desejo. Quando a não maternidade é motivada principalmente por questões socioeconômicas, como não ter filhos por ser pobre, ela sai do campo do desejo individual. Por isso, a feminista negra estadunidense **LORETA ROSS**[52] diz o seguinte:

É IMPORTANTE PARA A TEORIA DA JUSTIÇA REPRODUTIVA IR ALÉM DE AFIRMAR O DIREITO DE

NÃO TER FILHOS E ENFATIZAR O DIREITO DE TER FILHOS NAS CONDIÇÕES QUE ESCOLHERMOS.

A agenda da justiça reprodutiva foi desenvolvida a partir da análise das experiências das mulheres negras e da identificação de violências estruturais que se colocam entre elas e o acesso a direitos, especialmente, mas não apenas, os direitos sexuais e os reprodutivos. Nesse sentido, é uma agenda para uma aliança de direitos, que implica pensar que sem o direito à moradia digna, saneamento básico, educação, emprego e, especialmente, sem o direito de viver livre de violências racistas e de gênero, não é possível pensar em autonomia ou justiça social e reprodutiva – e o contrário também: sem acesso a direitos sexuais e reprodutivos efetivamente garantidos, os demais direitos ficam prejudicados. Tem uma afirmação muito importante de um ensaio da pesquisadora negra, brasileira e doutora em saúde pública, **FERNANDA LOPES**,[53] que diz assim:

> **QUANDO TÊM LIBERDADE DE DECIDIR SE QUEREM OU NÃO TER FILHOS, O NÚMERO DE FILHOS QUE DESEJAM E EM QUE MOMENTO DA VIDA PRETENDEM TÊ-LOS, AS MULHERES SÃO CAPAZES DE INTERFERIR, ESTRUTURALMENTE, EM TODOS OS SEUS DEMAIS DIREITOS FUNDAMENTAIS.**

Nesse artigo, a pensadora chama a atenção para a desigualdade racial na distribuição de direitos, lembrando que o risco de uma mulher negra morrer por aborto inseguro no Brasil é 2,5 vezes maior do que o de uma branca, e também que as mulheres negras são maioria entre as gestantes que dão à luz após uma gravidez não pretendida, segundo dados da pesquisa Nascer no Brasil[XVII].

Assim, em um mundo em que houvesse justiça reprodutiva, as mulheres localizariam seu desejo de não ser mãe apenas no campo das vontades, e não das necessidades ou do trauma, sem desigualdades raciais e de classe. No outro espectro dessa discussão está a indústria de fertilidade, uma suposta máquina de fazer escolhas reprodutivas. Não surpreende que a mesma medicina que tenta cercear as mulheres do direito de fazer laqueadura e hostiliza pessoas que abortam realize uma pressão imensa para que mulheres jovens congelem seus óvulos para terem uma suposta garantia de que engravidarão no futuro.

O relato a seguir é de uma mulher que gosta de sua carreira e de seus hobbies e não sente vontade de ter filhos. Ela tampouco vê espaço para isso em sua vida, com a qual está satisfeita. Ainda assim, ela sentiu a pressão de gerar filhos e, anos atrás, realizou o procedimento de estimulação ovariana seguida de coleta e congelamento de óvulos.

[XVII] Nascer no Brasil. Grupo de Pesquisa Saúde da Mulher, da Criança e do Adolescente. Disponível em: https://nascernobrasil.ensp.fiocruz.br/?us_portfolio=nascer-no-brasil-2. Acesso em agosto de 2023.

CAPÍTULO

10

CONGELE SUA JUVENTUDE. NÃO PERCA ESSA **OPOR- TUNIDADE!!!**

"DESDE ENTÃO OS ÓVULOS ESTÃO CONGELADOS E EU ME PERGUNTO SE DEVO CONTINUAR PAGANDO OU NÃO."
Melina, 42 anos, relações públicas, branca, São Paulo

Acho que eu nunca quis muito ter filhos, nunca me vi com filhos, apesar de achar que deveria ter. Segui a cartilha de namorar, casar e achava que o próximo passo era ter um filho. Só que isso foi uma coisa que a gente não conversou muito bem, meu ex-marido e eu. Eu comecei a postergar, sempre "dali a dois anos". Chegou um momento em que não deu para postergar mais, e a gente teve uma conversa que a gente deveria ter tido antes de casar e ele disse que queria ter filhos. Cedi e disse: "Vamos tentar", foi um ano tentando engravidar e a gente não conseguiu, acho que essa foi uma das causas da nossa separação.

Estava com aquilo na cabeça, em algum momento, criei isso de que eu tinha que ter filhos. Aí, há nove anos, pensei que precisava congelar os óvulos. Minha médica me desaconselhou a fazer naquele momento porque eu estava passando pela separação, estava fragilizada e o tratamento tem hormônios. Eu tinha 33 anos, ela falou que eu poderia esperar, mas decidi fazer logo.

Achava que eu ainda era nova e em algum momento iria sentir o desejo, o instinto, a vontade de sentir o amor incondicional de que falam tanto. Hoje percebo que não quero, não tenho desejo, que eu só iria seguir uma cartilha.

O processo de congelamento foi bem explicado e pragmático. O médico explicou chances e probabilidades. É chato, toda hora você tem que ficar injetando hormônio, hoje em dia eu não faria de jeito nenhum. É um exagero, você precisa produzir uma quantidade absurda de óvulos, tem que fazer milhares de ultrassons, mas em 15 ou 20 dias tudo termina. Fiquei inchada e sensível, mas tive sorte de ter uma quantidade boa de óvulos, nem o médico recomendou fazer o procedimento uma segunda vez.

Desde então os meus óvulos estão congelados e a cada seis meses me pergunto se devo continuar pagando ou não. Custa em torno de cem reais por mês e deve estar para acabar o prazo para usar. Não é algo que está nos meus planos, nunca pensei em usar, nunca quis, e acho que hoje em dia está mais cristalizado que eu não quero. Mas é essa sensação de que eu já vim até aqui, estou há nove anos pagando. Parar seria abrir mão totalmente de uma coisa que já não quero.

Tenho pretensões profissionais, prezo muito minha carreira, acho que tenho esse benefício de fazer o que eu gosto e trabalhar com o que gosto e poder ter sucesso. Quero explorar mais coisas que me dão preenchimento de outros aspectos, hobbies, coisas que gosto de fazer. Hoje eu faço teatro, não tenho pretensão de fazer isso para ganhar a vida, mas sei que é uma forma de expressão que, para mim, é muito relevante. Amo viajar, morei em diversos lugares e quero continuar fazendo isso. Essa flexibilidade de poder fazer coisas e conhecer pessoas e lugares é algo que eu não me vejo fazendo tendo filhos, não é compatível.

A DÚVIDA FEMININA É UM TERRENO FÉRTIL para o marketing agressivo da indústria de fertilidade se estabelecer. No passado, a reprodução assistida era focada em pessoas que tinham dificuldade para engravidar ou em mulheres que desejavam ter bebês sem depender de um homem. Hoje em dia ela encontrou outro filão bastante lucrativo. Mulheres que desejam ter filhos depois dos 35 anos, idade a partir da qual, de acordo com a narrativa desse setor, a fertilidade das mulheres subitamente despenca e engravidar se tornaria uma tarefa inglória.

Se trata de um mito. A fertilidade feminina não diminui de forma tão pronunciada após essa idade. A chance de mulheres engravidarem até os 30 anos ao longo de um ano de tentativas é de 85%. Uma mulher que tentar engravidar aos 30 tem 75% de chance de conceber em um ano; aos 35, a chance é de 66%; aos 40, de 44%.[54] Uma dificuldade após os 40 é que a taxa de abortamentos dessas concepções são de, em média, 27% – ante 16% de mulheres com 30 anos ou menos. Isso acontece porque, com o passar do tempo, as células têm menos "energia" para desenvolver o embrião.

Na reprodução assistida existe a possibilidade de congelar os embriões, que são óvulos já fertilizados com esperma, ou apenas os óvulos. Na primeira opção, a célula reprodutora feminina é retirada e fertilizada com a célula masculina; nesse caso, a implantação do embrião pode ser "a fresco" e se dá alguns dias após a fertilização, ou com embriões congelados, que podem ser usados anos depois. No segundo caso, apenas os óvulos são congelados e podem permanecer assim por dez anos, a fertilização com espermatozoides acontece após o descongelamento. Quanto mais jovem for um óvulo no momento do seu congelamento, maior é a chance de ele passar pelo processo de multiplicação celular que resultará em um bebê de forma bem-sucedida.

Dados da Inglaterra compilados pelo National Health Service (NHS), órgão de saúde pública local, apontam que a taxa de sucesso média de cada implantação de embrião a fresco resultar em um nascimento é de 41% entre mulheres de 18 e 34 anos e de 6% entre pacientes de 43 a 50 anos. Para embriões congelados, a média é de 36% (nessa categoria os dados não são separados por idade). Por ser um procedimento que se popularizou mais recentemente, as estatísticas sobre as chances de uma mulher engravidar a partir de seus óvulos congelados ainda não são consolidadas.

Um estudo[55] realizado por um centro de fertilidade ligado à Universidade de Nova York publicado em 2022 analisou dados de uma clínica e concluiu que a média de nascimentos decorrentes do uso de óvulos congelados era de 39%. Entre mulheres que congelaram os ovos com menos de 38 anos a taxa de nascimento foi de 51%. A chance também aumenta se a paciente, além de ter menos de 38 no momento do congelamento, conseguir liberar 20 óvulos ou mais – nesse caso, pode chegar a 70%. É com base nisso que a indústria bate em duas teclas: quanto mais jovem, mais óvulos produzirá (mesmo que isso exija várias estimulações), maior a chance de engravidar e parir. Está com dúvida? Passe pelo procedimento mesmo assim.

No Brasil, a indústria da fertilidade vem crescendo e, de acordo com o SisEmbrio, órgão da Agência Nacional de Vigilância Sanitária (ANVISA), o país tinha 181 Centros de Reprodução Humana Assistida em 2021[XVIII]. Apesar de o dado relativo ao preço médio do procedimento não estar disponível, uma reportagem feita por mim para a edição de junho de 2022 da revista Você S/A, mostrou que o congelamento de óvulos não sai por menos de 10 mil reais nas clínicas mais acessíveis.[56]

Fala-se muito pouco, contudo, dos desconfortos e possíveis traumas envolvidos nesses procedimentos. Para estimular a produção de óvulos, são necessárias injeções hormonais que causam reações parecidas a uma tensão pré-menstrual (TPM) muito forte, que envolve não só sintomas físicos como emocionais. Cada implantação

---

[XVIII] De acordo com o SisEmbrio. Sistema Nacional de Produção de Embriões. **Agência Nacional de Vigilância Sanitária - Anvisa.** Gov BR. Ministério da Saúde. Disponível em: <https://www.gov.br/anvisa/pt-br/acessoainformacao/dadosabertos/informacoes-analiticas/sisembrio>. Acesso em julho de 2023.

embrionária exige o uso de hormônios, e a chance de não dar certo é alta. Em geral, é preciso de mais uma tentativa e, a cada uma que não dá certo, a paciente se depara com a frustração.

A possibilidade de engravidar cai com a idade, mas a chance de sucesso do tratamento de reprodução assistida também não é tão alta quanto se propaga. Ainda assim, somos estimuladas a gastar um bom dinheiro e passar por um tratamento hormonal para estimular a produção ovariana. A ideia é que façamos uma reserva dos nossos óvulos desde tenra idade porque "vai que, né". No caso de Melina, essa pressão atuou mesmo sem o desejo de ser mãe.

A indústria da fertilidade oferece possibilidades para mulheres e casais que têm dificuldade de engravidar e também para parceiros do mesmo sexo que queiram ter filhos biológicos. Mas, para mulheres jovens em idade fértil, ela se torna uma máquina de gerar ansiedades gritando: "Atenção, você fez 30 anos, gaste já milhares de reais para garantir que você não vai virar uma quarentona sem filhos". Neste discurso, a possibilidade de adoção praticamente não tem espaço.

Não se trata de julgar mulheres que optam pelo congelamento, mas de apontar que, se existe um medo, algum empresário e algum publicitário irão se aproveitar dele. E, se ele não existe, eles darão um jeito de criá-lo, para então se aproveitar dele. Sendo assim, em que ponto a decisão de congelar óvulos deixa de ser uma escolha e passa a ser feita por medo?

De acordo com uma médica que trabalha no setor e não quis se identificar, é comum que ginecologistas incentivem pacientes a fazer exames de reserva ovariana para verificar quantos óvulos estão "estocados" nos ovários. "Mulheres que nem estão querendo engravidar ou as que nem sofrem com infertilidade são direcionadas para avaliar a reserva ovariana e quando se deparam com uma reserva baixa ficam desesperadas e acabam congelando. Não são informadas que esses exames não indicam as chances de engravidar de forma natural, elas viram um alvo fácil para que se instale uma necessidade que não existe", diz.

Várias mulheres podem decidir por esse caminho para aproveitar por mais tempo a liberdade e a flexibilidade de uma vida sem filhos. Porém, o temor de não conseguir engravidar "a tempo" pode estar ligado ao medo de não conseguir um bom parceiro. Outro motivo comum para adiar a maternidade é o desejo de focar na carreira. Nesses dois últimos casos, conseguimos imaginar um homem passando por esses dilemas?

Ora, a sociedade legitima que homens cinquentões decidam finalmente se "aquietar" e começar uma família com mulheres anos mais jovens. E eles não são punidos profissionalmente quando se tornam pais.

CAPÍTULO

11

AS BARBIES TRANSAM. AS AMIGAS TOMAM VINHO. E AS MÃES NÃO TÊM TEMPO?

MESMO ENTRE MULHERES DE CLASSE MÉDIA E ALTA, a maternidade é um imperativo e a não maternidade é motivo de pressão e julgamento. Contudo, é evidente que, à medida que a renda aumenta, imposições econômicas deixam de ter peso na decisão de não ter filhos e motivos como estudar, viajar, crescer na carreira e ter tempo para hobbies ganham mais preponderância. O próximo relato é de Laura, uma mulher que, apesar do contexto humilde, conseguiu desde cedo posicionar o desejo de não ser mãe como escolha e isso se fortaleceu à medida que ela ascendeu socialmente.

"EU DESEJO COMER UMA COMIDA GOSTOSA, TOMAR UMA TAÇA DE VINHO, MARCAR DE ENCONTRAR AS AMIGAS. ABSOLUTAMENTE NADA NA MATERNIDADE ME ATRAI."

Laura, 34 anos, servidora pública, indígena, Roraima

Sou de Roraima e saí de lá aos 16 anos para fazer faculdade de relações internacionais em Brasília. Passei no concurso do Itamaraty e já morei em Cingapura, na China e na Espanha, voltei ao Brasil e logo mais me mudarei para Tóquio para trabalhar.
Minha família tem origem Uapixana e minha avó foi criada em uma comunidade indígena, mas saiu de lá quando se casou. Minha mãe não se considera indígena, essa é uma identidade que a minha geração está retomando. O estado de Roraima é conservador e é impensável você não ser mãe. Não lembro de ninguém do meu círculo de amigas de lá que não tenha sido mãe, apenas uma amiga que saiu de lá para estudar fora e nunca voltou.
Tenho certeza de que tanto minha mãe quanto minha avó não queriam ser mães. Minha mãe falou várias vezes isso, mas meu avô encheu muito o saco dela, ela parou de tomar pílula e teve quatro filhos, só conseguiu entrar numa faculdade aos 42 anos. Eu sentia na minha avó que ela não tinha encontrado uma vocação na maternidade, mas acho que isso ficou naquele campo das coisas não faladas entre as mulheres. Acho que elas não tinham a capacidade de elaborar e falar: "A gente está aqui porque não teve escolha, você é a primeira dessa linhagem de mulheres que vai poder fazer essa escolha".

Minha família tem um histórico de muita violência, a comunidade indígena em que minha avó cresceu tinha muita violência de gênero, alcoolismo e dependência química, isso me afetou muito. Estudei a vida inteira em escola pública no norte do país, que era pobre, lascado e esquecido. Na oitava série, tinha colega minha grávida, eu lembro que nessa idade, 12 e 13 anos, meu maior medo era engravidar porque eu via o estigma com minhas colegas que tinham ficado grávidas. Eu pensava: "Meu Deus, se eu engravidar, vou ter que largar a escola e eu queria muito estudar".

Minha mãe tinha uma irmã mais nova que morreu quando eu tinha 5 anos. Ela era muito livre, teve muitos namorados e conseguiu viajar. Foi morar em Brasília e era muito malvista em Roraima. Eu tive essa referência dessa mulher livre, que tinha o dinheiro dela, não se casou, não dependia de homem, mas teve vários namorados.

Desde criança, eu não gostava de bonecas. Tinha uma Barbie que só transava, comia e fazia coisas com as amigas. Elas eram muito independentes e o Ken servia só para transar, eu não tinha muita ideia do que era sexo, mas fazia o Ken e a Barbie se esfregarem. Sou um ser com muitos desejos, mas ser mãe nunca foi um deles. Eu desejo comer uma comida gostosa, tomar uma taça de vinho, marcar de encontrar amigas.

Absolutamente nada na maternidade me atrai. Odeio acordar cedo, sou péssima sem dormir, ter um bebê em casa seria ruim pra mim. Não consigo conceber viver isso que as mães passam no começo. Racionalmente ou emocionalmente, eu não consigo pensar em nenhum motivo para colocar alguém no mundo. Toda minha necessidade de cuidar de alguém e ser importante pra alguém é suprida pelo meu cachorro. Não tem nada no pacote que me atraia, mas antes de tudo tem uma falta de desejo.

Algumas pessoas não têm noção. Meu pai me perguntou esses tempos: "Quando é que você vai me dar um netinho?". E aí eu perguntei: "Você vai criar? Você não criou nenhum dos seus filhos, se eu mandar o meu, você cria?". Ano passado, fui a uma gastroenterologista e ela me falou que a cura para minha endometriose era engravidar. Eu disse para ela que foi de uma irresponsabilidade enorme sugerir isso e que ela deveria estudar, porque não é verdade. Isso foi em dez minutos de consulta, sem ela saber nada sobre mim. E se eu fosse uma mulher tentando engravidar? Seria horroroso.

Esses dias, fui a uma dermatologista e ela perguntou: "Você ainda não tem filhos, né?". Em 2023, cara! Eu parei de comprar essa briga e só respondi que não. Só falei não.

A falta de tempo das mães das entrevistadas (ou das próprias entrevistadas) por causa da divisão sexual do trabalho também foi muito citada. Quase todas elas vêm de famílias em que mães estavam sempre atarefadas, cansadas e, em alguns casos, desistiram dos estudos ou os adiaram.

Dados do IBGE de 2019 mostram que mulheres dedicam em média 21,4 horas semanais a afazeres domésticos como fazer comida, limpar e cuidar da organização do domicílio (o que inclui pagar contas, contratar serviços, orientar empregados) enquanto os homens dedicam apenas 11 horas.[57] Fazer pequenos reparos para a manutenção da casa, automóveis e eletrodomésticos é o único tipo de tarefa doméstica ao qual os homens dedicam mais tempo do que as mulheres.

Algumas tarefas que tomam bastante tempo e energia não são fáceis de mensurar, como todo o esforço mental que se faz para garantir que nada falte e que tudo funcione perfeitamente. Não é raro que homens folgados digam que suas companheiras são "chatas", "nervosas" e só reclamam. É porque é muito mais fácil ser legal e calmo quando tem uma chata nervosa resolvendo absolutamente todos os problemas enquanto o consagrado assiste ao seu jogo de futebol depois de chegar do trabalho.

Há uma expressão masculina que me fascina. É quando eles falam: "A minha patroa é quem manda em casa, tudo é ela que decide" como forma de provar que machismo não existe e nós somos poderosas. Realmente, é um grande poder "decidir" qual marca de detergente comprar para lavar a louça que o marido suja ou qual sabão em pó é melhor para lavar as roupas das crianças. Isso que muitos desinformados enxergam como "poder de decisão" é chamado de carga mental. Esse conceito abarca muitos trabalhos completamente invisíveis e que nem sequer são percebidos como trabalho, e inclui até mesmo tarefas de lazer – como planejar viagens, férias e passeios.[58]

Em um mundo assim, é de se esperar que tantas mulheres associem filhos com mais tarefas e menos tempo. Uma mulher casada e sem filhos que tem que fazer tarefas domésticas passa a ter ainda menos tempo para si quando as crianças chegam. Fala-se muito das noites maldormidas quando os nenéns são pequenos, das trocas de fraldas.

Mas, à medida que eles crescem, quem compra materiais escolares, uniformes e participa de reuniões na escola?

Não é por acaso que Laura diz que uma razão para não ser mãe é porque quer comer bem, beber uma boa taça de vinho e encontrar as amigas. É comum pensarmos que a maternidade inviabiliza esses pequenos prazeres. Coisas tão simples quanto jantar e conversar com amigas serem percebidas como incompatíveis com a maternidade (porque frequentemente são) é mais um dos sinais de que está tudo muito errado. Percebo muito que, quando mães conseguem se encontrar com as amigas, o assunto muitas vezes é a maternidade. Afinal, elas precisam elaborar sobre a tarefa física, emocional e mental que tanto tempo toma delas.

Isso tudo fica mais desagradável considerando a grande quantidade de homens que alegremente bebem cerveja nos balcões dos botecos de pais ausentes com seus confrades, trocando ideia com os garçons e assistindo a campeonatos de todas as divisões possíveis do futebol brasileiro (e talvez internacional) enquanto as crianças e a mulher estão em casa. Grandes são as chances de eles saberem as escalações de todos os times do Brasileirão, mas serem incapazes de dizer o nome de um dos professores dos filhos.

Mas como nem tudo é desgraça, gostaria de chamar atenção para um detalhe lúdico do depoimento de Laura, que é a menção a bonecas. No conjunto de todos os relatos, a palavra boneca aparece 108 vezes e Barbie, 17 vezes. Janaína (p. 68) também mencionou que suas bonecas não eram mães, mas agentes secretas.

O fato de as bonecas serem mencionadas tantas vezes ressalta o papel importante das brincadeiras na socialização de crianças. Eu e minhas primas ganhamos todas as bonecas bebês em belos carrinhos de vime em um Natal, cada uma com a roupinha de uma cor. Perguntei à minha mãe se ela se lembrava, e ela disse que sim, ela e os irmãos fizeram uma vaquinha e compraram os presentes. Ela contou que os meninos ganharam coisas variadas. Um ganhou um taco, outro um binóculo, outro um jogo com peças para construir muros e casas.

Mesmo uma família que incentivava meninos e meninas a tirarem boas notas e a buscarem sucesso profissional (além da magreza), não resistiu a estimular meninas a cuidarem e meninos a verem o mundo.

Falando desse assunto, não consigo deixar de lembrar sem sorrir de quando a deputada gaúcha Luciana Genro, em 2016, postou uma foto de seu sobrinho empurrando um carrinho de bebê cor-de-rosa. "Dia da criança, meu sobrinho pediu um carrinho e ganhou. Aprendendo que cuidar do bebê não é só tarefa das mulheres!" O menino não parecia muito empolgado com o presente. Não sei se ele aprendeu a lição que a tia queria ensinar, mas imagino que tenha aprendido a ser mais específico na descrição de seus pedidos.

Piadas à parte, meninos deveriam, de fato, ser encorajados desde cedo a cuidar e meninas não deveriam ser tolhidas na hora de brincar com carros, caminhões, bonecos de super-herói, Legos ou qualquer outro jogo infantil. Mas tantos relatos mostram que, mesmo apesar da insistência da socialização, muitas meninas rejeitam o papel materno desde muito cedo.

Não me lembro de como eram minhas brincadeiras com as bonecas bebês, mas, mais tarde, comecei a brincar com Barbies. Nunca associei a figura da

Barbie com a maternidade. Pra mim, ela sempre foi um sinônimo de uma mulher profissional, que se divertia com as amigas, a irmã e o namorado. Uma das minhas primas teve uma – bastante perturbadora – que tinha uma barriga de grávida e um bebê dentro, mas nunca a vi como algo determinante. Aquela era mãe, a minha, não! Mas não negarei que ela reforçava o padrão de beleza centrado em mulheres louras, brancas e muito magras.

Porém, voltando aos recortes de classe, essa discussão talvez não faça sentido para muitas crianças. Para algumas meninas – como Raíssa –, a experiência de brincar e se dar conta de forma lúdica do não desejo de maternar é solapado, já que, em vez de serem estimuladas a brincar com bebês de brinquedo, têm de cuidar dos irmãos. Meu plano ao falar das bonecas que não eram mães era trazer alguma leveza depois de abordar assuntos tão pesados, mas, no momento em que escrevo essas palavras, começo a chorar.

Comecei a chorar porque lembrei de minha mãe e nossa complicada e distante relação. Minha mãe foi dessas meninas que não pôde brincar. Ela tinha de cuidar da casa desde muito nova, submetida à violência de minha avó extremamente abusiva. Fico imaginando-a quando criança e pensando que foi muito pouco cuidada e teve de cuidar muito. Por isso, esse é um bom momento para trazer a história de Andrea.

CAPÍTULO 12

NÃO QUERO PASSAR ADIANTE

O LEGADO DA NOSSA MISÉRIA

"EU CONSIGO LEMBRAR DESDE OS DOZE ANOS DE PENSAR:
'EU NÃO QUERO PASSAR ISSO PRA NINGUÉM.'"
Andrea, 27 anos, psicóloga, branca, São Paulo

Fui fruto de uma traição. Minha mãe se casou cedo, aos 17 anos, teve um caso com outro cara e engravidou de mim, e ela e meu pai fugiram. Meus pais vieram da pobreza, todos lavradores de terras dos outros. O pai do meu pai morou na rua um tempão. Minha avó materna teve 6 filhos, eu tenho 15 primos. Minha mãe ficou isolada e sozinha cuidando de mim.

Meu pai não teve adolescência e infância, é uma pessoa muito dura. Foi da lavoura para trabalhar em um bar, depois foi bombeiro da polícia militar. Ele estava provendo materialmente, mas estava ausente emocionalmente. Em algum momento, ascendemos de pobre a classe média. Quando eu tinha 4 anos, minha mãe teve meu irmão, nós dois fomos acidentes.

Ela tinha uma coisa de odiar a maternidade que gerou coisas violentas. Além de falar que a gente destruiu os sonhos dela... Uma vez, caí da rede, bati a cabeça forte pra caralho, eu era muito pequena, 5 para 6 anos e comecei a chorar... Ela pegou um copo de água, achei que ela fosse me dar e ela jogou na minha cara. Ela fazia várias coisas assim, às vezes ela me batia e eu acordava de madrugada com ela me abraçando e pedindo perdão. E meu pai é aquele homem seco e duro que tinha que prover pra família e não tinha afeto.

Ela era professora, fez magistério, me alfabetizou cedo. Ela compartilhava um monte de coisa comigo, lia Fernando

Pessoa, escrevia poemas, tinha planos de fazer umas coisas, mas tem uma narrativa que ela fica presa com meu pai em casa. Eu gostava de ir pras minhas avós, quem teve um papel importante de afeto foi a mãe da minha mãe... Eu sentia muita hostilidade tanto da minha mãe quanto do meu pai. Dela era muito ambíguo, "eu gosto de você", mas de vez em quando umas violências.

Eu consigo lembrar desde os 12 anos de pensar: "Eu não quero repassar isso pra ninguém, repassar esse legado pra outro ser humano". Eu vim desse meio, tô mal da cabeça, não tenho a menor condição de cuidar de outro ser humano. Essa decisão permanece até hoje. Tem uma questão de por qual motivo a gente reproduz a vida dessa maneira em que a reprodução da vida recai sobre a mulher, em que ela tá sobrecarregada, fazendo dupla jornada...

Eu fui para a psicologia em 2015 e a psicologia mudou tudo. Você tem que ter uma predisposição interna muito grande pra não ficar mal. Teve um professor de psicologia social que me falou pra ver A excêntrica família de Antônia[XIX], em que você tem as mulheres ali à frente, mas não é uma mulher sozinha, como na família nuclear.

Um amigo faz parte de uma comuna que está associada a um grupo de teatro periférico. Eles vivem todos nesse terreno, as pessoas todas cuidam de todas as crianças. Eu fui visitar a aldeia indígena Tekoa Pyau, uma das aldeias do Jaraguá, aqui em São Paulo. Lá a criança não pertence à família, ela é filha de um casal, mas todo mundo cuida dela.

Meu companheiro tem um filho que tá com 18 anos agora, e é um trabalho muito grande. Ele cria o filho, e eu me toquei

---

[XIX] *A excêntrica família de Antônia* é um filme holandês, de 1996, dirigido por Marleen Gorris.

de que nunca soube lidar com crianças. Quando eu comecei a me relacionar com ele, o filho tava com 14 anos e comecei a ver o trabalho que é aquilo. Aí ele vai pedindo ajuda de uma irmã, outra irmã, mas é muito engraçado que são as mulheres, mesmo que ele seja o pai solteiro, são as mulheres que ajudam. Mesmo quando você tem outras pessoas e o cuidado é ampliado, fica com as mulheres da família.

Acho que a coisa de não desejar de jeito nenhum ter filhos tá mais presente agora nos últimos dois ou três anos. Tem coisas que quero fazer, entrar no mestrado, fazer doutorado, viajar, eu vejo que não vai rolar. Eu quero fazer tanta coisa, é um nível de entrega que não casa com meus desejos e outras coisas que eu quero fazer. Mas eu também saí da ideia de rejeição total para uma coisa de "no mundo atual e nas condições atuais, eu não quero". Em outras condições mais comunitárias, eu cogitaria. É que é muito difícil de imaginar, teria que ser um outro mundo.

TAMBÉM SENTI E SINTO ESSA AMBIGUIDADE da minha mãe com relação a mim desde muito cedo. Ela diz que sempre torceu por mim e que sempre buscou ser melhor que a minha avó. Eu não duvido de nada disso, mas, ao mesmo tempo, tenho muitas memórias de minha mãe sendo agressiva – raramente de forma física, mas principalmente de forma verbal. Não faz muito tempo que eu, rancorosa e com uma boa memória, listei uma série de mágoas para ela, situações em que ela me xingou desproporcionalmente por motivos bobos ou fez críticas ao meu corpo e à minha aparência.

Ela respondeu: "Imagina se eu fizesse uma lista dessas". Avisei que ela não viraria o jogo, pois a criança e adolescente era eu, ela era uma adulta. E ao responder isso percebi que existe nela a vontade de que a criança de 8 anos que ela não pôde ser receba cuidado e reconhecimento.

Minha avó casou cedo e teve sete filhos, um morreu ainda criança. Ela foi uma das primeiras mulheres divorciadas do Brasil e trabalhava como costureira. Não tenho problema em contar que ela era uma mulher extremamente cruel, que fazia seus filhos realizarem todos os trabalhos domésticos e os espancava muitas vezes sem motivo – na verdade, suas filhas, porque os dois filhos homens não sofriam abusos tão intensos.

Todas as filhas foram vítimas de sua maldade, mas minha mãe foi a filha que ela mais torturou. Ela a obrigava a limpar o chão de joelhos e, tendo visto algo que não a agradava, chutava-a e a humilhava verbalmente. Quem cuidou e criou os três irmãos mais novos foi a minha mãe, segunda filha mais velha. Como neta, ela nunca me agrediu fisicamente, mas tentou me envolver em suas mentiras e intrigas – era do seu feitio colocar filhos e netos uns contra os outros. Cortei relação com ela quando tinha 17 anos, quando ela resolveu me acusar de roubar um dinheiro – que ela havia perdido e encontrou em sua casa pouco tempo depois. Jamais a perdoei, ela morreu em 2019 e fiz questão de não prestar nenhuma homenagem.

Minha avó também tinha que trabalhar quando criança, era brutalmente espancada pelo pai. Era uma mulher brilhante e, mesmo sem ter completado os estudos, era capaz de fazer cálculos complexos de cabeça, projetar casas e prédios, produzir trabalhos artesanais em ponto de cruz com padrões que ela mesma criava e cuja beleza era inegável. Essa mulher poderia ter sido muitas coisas, imagino que teria se encontrado na engenharia. Mas ela se casou, pariu muitos filhos e só pôde usar sua habilidade e inteligência em um contexto de dificuldade financeira, quando o marido, cansado do seu temperamento, decidiu se separar, casou-se com outra e mudou-se para outro Estado. Ele não era um homem violento, mas para ele foi muito fácil simplesmente ir embora e deixar os filhos com uma megera abusiva.

Mas, assim como no relato de Laura (p. 180), a geração da minha mãe, por mais traumatizada que tenha sido, conseguiu romper esse ciclo. Meus cinco tios se tornaram analistas de sistemas, profissão que despontava na época, e prosperaram. Meus pais tinham um pequeno negócio, uma farmácia, que faliu quando eu tinha 12 anos – idade em que eles se divorciaram. Passamos por perrengues e dificuldades financeiras, mas sempre tivemos onde morar e o que comer e nunca deixei de estudar em um colégio particular católico.

Eu e toda a minha geração de primos tivemos a possibilidade de estudar inglês e fazer curso pré-vestibular. Entramos na faculdade pública e conseguimos ter empregos estáveis. Nós apanhávamos de nossos pais algumas vezes, mas a frequência e a força dos castigos físicos que sofremos não se comparam aos que nossos pais sofreram. Em algum momento, todos pareceram se dar conta que não deviam continuar reproduzindo violência física. Porém, pessoas traumatizadas traumatizam pessoas, e não escapamos de crescer com muita neurose. No meu caso, especialmente, a de ouvir da minha mãe durante toda a minha infância e adolescência que a vida dela era muito pior. Ela também é uma mulher instável, com episódios de agressividade verbal, raiva e depressão. E também é uma mulher inteligente, que se formou em direito na década de 70, ainda que não tenha exercido a profissão porque trabalhava em um negócio familiar.

Era difícil de lidar, minha relação com ela não é das mais próximas e foi um longo processo até entender o que estava por trás dessa sequência de infelicidades. Mulheres brilhantes não tinham outro destino além de casar e ter filhos e, mesmo quando conseguiam estudar, recaía sobre elas a responsabilidade de cuidar da casa. Eu pude estudar sem ter a obrigação de fazer os serviços domésticos, ainda que tenha aprendido a fazê-los, como todos deveríamos aprender, e os fizesse de vez em quando.

Cursei a faculdade que escolhi, mudei para São Paulo como desejava e realizei vários desejos profissionais e pessoais, ainda que tenha sido assombrada pela depressão e problemas de autoestima até meus 30 e poucos anos, quando fui diagnosticada com Transtorno Afetivo Bipolar tipo 2 e finalmente consegui tratamento adequado. Não posso diagnosticar minha mãe, avó e tios porque não sou psiquiatra, mas esse transtorno tem também componentes genéticos e reconheço em vários deles alguns sintomas.

São mulheres que, diferentemente de mim, nunca puderam ter acesso a profissionais de saúde mental – não eram miseráveis, mas eram pobres, não tinham dinheiro para isso. Além disso, o estigma que recai sobre pacientes psiquiátricos os afasta de buscar tratamento com medo de que sejam considerados loucos.

Minha mãe e minha avó, assim como eu, são mulheres inteligentes, criativas, boas profissionais e com capacidade de concretizar coisas. No meu caso, estou publicando meu terceiro livro. Fiz uma exposição de pinturas. Nunca precisei parar de pintar um quadro para servir comida para o meu marido. Em nenhum momento a escrita do meu romance foi interrompida pela demanda de uma criança. Laura pôde estudar e se tornar uma servidora pública que viaja o mundo, enquanto sua mãe só conseguiu realizar o sonho de entrar em uma faculdade aos 42 anos. Andrea fez um curso de psicologia, tem planos de seguir carreira acadêmica; sua mãe amava Fernando Pessoa e, por mais que tivesse vida profissional no magistério, tinha mais sonhos e se sentia presa em casa.

Na minha família, vejo a história das mulheres marcada pela dificuldade econômica, ainda que não pela miséria, pela falta de acesso a tratamentos psicológicos e psiquiátricos, pelo casamento que as sugou a alma, pela renúncia que tiveram de fazer em prol de seus filhos e principalmente pela frustração. Pelo sufocamento intelectual de mulheres geniais.

A tetralogia napolitana, série de romances da escritora Elena Ferrante,[59] foi um dos principais instrumentos de terapia para compreender a minha relação com a minha mãe e entender por que minha avó era tão má. A personagem de Lila, uma criança brilhante que não pôde estudar e enfrentou abusos e sofrimentos a vida toda, é uma representação delas.

Ser como elas e passar pelo que elas passaram, sempre foi um medo. Ainda é um medo. E é uma das principais razões que me levaram a nunca querer a maternidade para a minha vida. Ao observá-las, via a maternidade como um moedor de sonhos, uma pedra esmagadora de ambições intelectuais e, também, uma forma de traumatizar uma nova geração.

Eu também me sentia invadida e sobrecarregada pela presença da minha mãe, pelo modo que ela abria a porta do meu quarto falando sem parar – fosse para me censurar por alguma coisa ou para contar uma fofoca de vizinhos ou da família ou de novela que eu não estava muito interessada em saber. Sinto que, isolada no contexto doméstico por tantos anos, trabalhando durante muitas horas por dia- ela abria a farmácia às 8 da manhã e fechava às 10 da noite, sem contar com um funcionário-, ela não conseguiu desenvolver um grupo de interlocutores.

Ela conversava muito com algumas de suas irmãs e com minha dinda (é como chamamos madrinha no Rio Grande do Sul), às vezes batia papo com a vizinha na janela, mas percebo que sentia falta de amizades com quem pudesse comentar questões do cotidiano. Só que eu não acho que eu, como filha, era a pessoa mais adequada para ouvir tudo que ela tinha para falar o tempo todo.

Há um aspecto que mulheres enfrentam há muito tempo, e que nos anos 2000 foi especialmente enlouquecedor: a pressão estética. O padrão era ser magérrima, pesar mais de 55 quilos era um crime, especialmente no Rio Grande do Sul, terra de Gisele Bündchen e outras modelos esguias.

Fui uma criança gorda, e era lembrada disso o tempo todo pelos meus colegas de colégio, primos, tios, mãe e pela minha péssima avó. Além disso, meu cabelo era "esquisito" e volumoso. Ninguém tinha percebido na época que ele era cacheado, sempre trataram como se fosse liso.

O meu destino foi a anorexia e a famigerada escova japonesa, que deixava os cabelos escorridos e quebradiços. Durante uma época, deixei de comer carboidratos e carne. Vivia de legumes e soja, coisas das quais adquiri trauma e que, hoje em dia, não posso sentir o cheiro nem de longe. Cheguei a fazer exercícios durante cinco horas por dia na academia.

Eu era obcecada em ser cada vez mais magra, mas minha mãe também era obcecada com o meu corpo, com a minha dieta, e, ao mesmo tempo que se dedicava a cozinhar sopas e pratos sem carboidratos e carnes, dizia que eu estava magra demais e parecia um esqueleto. Era bastante confuso e eu poderia gastar várias páginas falando sobre minha busca pela magreza e as situações que ela me fez passar. Aos 17 anos, logo após passar no vestibular, eu pesava 49 quilos, com 1,64 metro de altura.

Hoje em dia, me nego a subir em uma balança, mas volta e meia meço meu corpo com fita métrica. Certos alimentos ficaram com eterno gosto de dieta e privação de prazeres – é muito raro eu comer banana e maçã, por exemplo. Também me recuso a definhar e não fico contando calorias, mas volta e meia o medo de engordar aparece.

Não posso responsabilizar a minha mãe por isso, toda a estrutura era horrível e estimulada pela mídia o tempo todo. Mas ela teve a sua participação. A impressão é que ela estava julgando o meu corpo o tempo inteiro e que é assim até hoje. Da última vez que a encontrei, a minha aparência foi das primeiras coisas que comentou, e eu finalmente pude dizer a ela que, se não fosse para elogiar, era melhor que parasse e não falasse nada a respeito.

Creio que ela vê tudo isso como cuidado e não percebe que havia um alto grau de crítica e controle. Raquel, uma das entrevistadas, contou que a relação dela com a mãe e a pressão que a figura materna exerce sobre ela é um fator determinante para ela ter decidido não ser mãe:

"EU NÃO QUERO INFLIGIR SOFRIMENTO. NÃO QUERO INVENTAR UMA PESSOA. TUDO QUE ME INVENTOU EU TIVE QUE DESINVENTAR."
Raquel, 32 anos, editora de livros, branca, Rio Grande do Sul

Minha mãe era obcecada pela minha vida sexual, conjugal e com ser avó. Tentei me afastar dela em alguns momentos. Ela trabalhou comigo na mesma empresa, e tentei parar de falar com ela para respirar cinco minutos. Eu namorei um colega e ela passava o dia todo em volta da minha mesa e da mesa dele, ela precisava me controlar o tempo todo.

Eu tenho medo de que ela brote debaixo da minha cama se descobrir que engravidei. Em um dos meus pesadelos, eu olhava para um neném e pensava que ele nasceu de mim e do meu sofrimento, mas nunca tinha sofrido. A partir do momento que eu escolhesse o nome da criança, eu estaria provocando alguma coisa que não gostaria de provocar. Eu não quero infligir sofrimento. Fico pensando que mesmo que eu me refreie e não projete na criança o que ela deve ser, a partir do momento que ela nasce e tu dá um nome, tu já começa a tomar decisões por ela. Vejo o controle e o infligir sofrimento como parte da maternidade e não quero passar por isso.

Não quero inventar uma pessoa, tudo o que foi inventado por mim, eu tive que desinventar.

A ideia de educar um ser humano e ter controle sobre ele ao mesmo tempo que não se tem controle nenhum sobre ele me é torturante também. A sensação é que não importa o tipo de mãe que você seja, seu filho vai culpá-la na terapia. Presente demais. Ausente demais. Grudenta demais. Fria demais. Soma-se a isso o eterno medo de que um filho, por mais amado e educado que seja, cresça para se tornar fascista ou violento.

Mães sempre são instruídas a serem perfeitas e sempre são cobradas porque não são.

Mas e meu pai? Meu pai é um cretino.

Ele também veio de uma família violenta e foi muito violento fisicamente com meu irmão, ainda que, até onde eu saiba, não com a minha mãe. Comigo, contudo, ele era amoroso. Eu o entendi perfeitamente quando ele se separou da minha instável mãe e voltou para a cidade de Rio Grande, para pouco depois se casar com uma mulher da qual gosto muito – e que, depois de alguns anos de casamento, cansou dele porque ele não fazia nada em casa e vivia de mau humor. É engraçado isso, porque meu pai não é inábil com tarefas da casa e sempre soube cozinhar e manter a limpeza dos lugares quando está sozinho. Mas se tem uma mulher disponível para fazer isso...

Cresci achando que meu pai era afetivo, carinhoso. Ele dizia que me amava e me dava beijos e abraços, ao contrário da minha mãe. Acho que uma seguidora que encontrei em um bloco de carnaval há uns anos disse que me amava mais vezes em duas horas do que minha mãe a vida toda. Porém fiquei feliz quando eles se separaram, pois nunca entendi por que eles estavam juntos há tanto tempo, sendo que claramente não se amavam. Foi um alívio não ter mais que presenciar a crise conjugal deles no apartamento de cinquenta metros quadrados onde morávamos.

Somente muitos e muitos anos depois eu percebi que ele foi embora quando lhe convinha, deixando toda a responsabilidade dos meus cuidados e da minha educação nas costas da minha mãe.

Minha mãe me traumatizou bastante.

Meu pai? É fácil traumatizar menos uma pessoa quando você não faz parte da vida dela. Demorou alguns anos de terapia para perceber os traumas mais sutis que ele causou. Graças a ele, notei desde cedo que não dá para contar com os homens. Parece que isso foi uma lição, e não um trauma, mas é horrível se dar conta de que a realização afetiva em relacionamentos com homens é rara, e que, em muitos casamentos, eles não servem para absolutamente nada. Foi uma carga que acumulei desde cedo, a de me virar só e a de nunca sentir que poderia contar com meus parceiros quando precisava deles.

Há uma história que aconteceu comigo quando eu era criança que agreguei à ficção de *Com todo o meu rancor*. Minha mãe passava o dia atendendo clientes no balcão da farmácia e eu muitas vezes solicitava sua presença falando: "Mãaae". Ela reclamava, até porque devia ser chato estar trabalhando e ter uma criança chamando.

Eu tinha 8 anos e, na época, havia uma coleção de panelas de vidro temperado. Na caixa em que vinham embaladas, elas apareciam pegando fogo. Não entendia muito bem o porquê daquela imagem, achava que era uma experiência que as pessoas faziam com panelas em geral.

Minha mãe fazia o almoço entre o balcão e a cozinha, que estava instalada nos fundos da farmácia. Naquele dia, ela preparava guisado de ervilha e eu assistia à televisão, quando uma chama começou a sair da panela - ela estava atendendo um cliente e não lembrou de desligar o fogo. Pensei em chamá-la, mas pensei que era uma experiência, que nem as que faziam com as panelas de vidro. O fogo subiu, e só depois de um tempo eu chamei: "Mãe, a panela está pegando fogo".

Ela veio do balcão, apressada e tratou de apagar o pequeno incêndio. Então, ela disse: "Quando é pra chamar, tu não me chama?" Seu tom era menos de bronca e mais de brincadeira, já que tudo se resolveu. Mas aquele foi um momento bastante crucial para reforçar o que eu já sabia: era horrível ter filhos! É preciso se matar de trabalhar e cozinhar e tem uma criança chamando você! Eu não percebi por muito tempo que, na verdade, era horrível ser mãe naquelas condições.

Em *Tudo sobre o amor*, **BELL HOOKS**[60] fala sobre sua dinâmica familiar e reflete sobre a ambiguidade dos afetos de muitos lares, e como isso está impregnado culturalmente:

> **UM DOS MAIS IMPORTANTES MITOS SOCIAIS QUE PRECISAMOS DESMASCARAR SE PRETENDEMOS NOS TORNAR UMA CULTURA MAIS AMOROSA É AQUELE QUE ENSINA OS PAIS QUE ABUSO E NEGLIGÊNCIA PODEM COEXISTIR COM O AMOR. ABUSO E NEGLIGÊNCIA ANULAM O AMOR. CUIDADO E APOIO, O OPOSTO DO ABUSO E DA HUMILHAÇÃO, SÃO AS BASES DO AMOR. NINGUÉM PODE LEGITIMAMENTE SE DECLARAR AMOROSO QUANDO SE COMPORTA DE MANEIRA ABUSIVA. PORÉM, EM NOSSA CULTURA, PAIS FAZEM ISSO O TEMPO TODO. AS CRIANÇAS ESCUTAM QUE SÃO AMADAS, EMBORA ESTEJAM SENDO ABUSADAS.**

Infelizmente, esse mito se mantém depois da infância, e muitos relacionamentos românticos tóxicos se estabelecem sobre a base de que é possível coexistir violências e humilhações com atos de carinho. Esse ciclo, em que um período positivo sucede outro extremamente violento ou em que atitudes possessivas e controladoras são embaladas como amor, mantém os indivíduos presos em uma dinâmica nociva. Comportamentos são ensinados, traumas se perpetuam, opressões fazem com que pessoas oprimidas sintam raiva, e essa raiva muitas vezes é descontada nos filhos. Com isso retornamos à questão do romantismo e de como ele pode ser uma arma contra as mulheres com narrativas que muitas vezes incluem "batalhar por relações difíceis".

Contudo, apesar de minhas palavras duras com relação à minha mãe, vejo este livro mais como um exercício de compaixão e compreensão que se insere em um processo longo e doloroso. A verdade é que temos dificuldade de nos comunicar. É provável que a comunicação fosse mais fácil se ela não tivesse sido criada por uma sociopata. Mas também é possível que, se a maternidade e a vida profissional não a tivessem sobrecarregado tanto, talvez ela pudesse ter tido mais tempo e tranquilidade para ir atrás de seus interesses e conhecer pessoas com quem pudesse compartilhar. Uma sociedade mais preocupada com a saúde das pessoas talvez tivesse permitido fácil acesso a tratamento psicológico sem estigma.

Como já comentei, a construção da infância e da maternidade solitária e doméstica é um modelo relativamente recente na história ocidental. Além disso, as sociedades humanas são bastante diversas, apesar de o colonialismo europeu ter achatado – ou feito desaparecer – essa diversidade. Diferentes culturas têm diferentes relações com a infância, os cuidados das crianças e idosos, a ideia de família e o trabalho.

Algumas teóricas como Silvia Federici propõem o resgate do papel da comunidade tanto nos cuidados quanto nos trabalhos cotidianos de manutenção da vida. Na sua visão, uma sociedade com mais igualdade de gênero deve rejeitar pressupostos individualistas e nucleares da sociedade capitalista e substituí-los pelo engajamento comunal nas atividades de cuidado e subsistência.

Sai a família e o isolamento da maternidade contemporânea e entra maior envolvimento de todos – de qualquer gênero – tanto nas tarefas domésticas quanto nas de cuidado. O cuidado, aliás, passaria a ser entendido como algo coletivo.

A ideia de pagar pelo trabalho reprodutivo e materno me parece um caminho bastante factível e justo na sociedade atual e não deixa de ser o que está em prática em países como Áustria e Suécia. Porém, mesmo nessas sociedades, a maternidade é correlacionada a menores remunerações para as mulheres, enquanto os homens podem se dedicar à vida profissional. Ainda que o Estado ofereça mais apoio às mulheres, isso não significa equidade econômica ou divisão igualitária do trabalho doméstico e parental.

Confesso que tenho dificuldade de imaginar uma sociedade comunal em larga escala como a almejada por Andrea e por Silvia Federici, ainda mais em contextos urbanos como o que vivo. É bem verdade que famílias estendidas são muito comuns, pois, nelas, tios, avós e pessoas da comunidade, como vizinhos, também têm participação no acolhimento de crianças e idosos. Mas, como Andrea aponta, mesmo quando há redes de apoio fortes, o trabalho afetivo e doméstico fica a cargo de mulheres.

Nessa minha resistência em visualizar ou desejar algo assim há uma boa dose do que pode ser encarado como egoísmo. Ao imaginar esse mundo, eu fatalmente me imagino em um espaço comum que me obrigue a interagir, trocar e cuidar quando não quero. Creio que muitas mulheres que compartilham de experiências familiares abusivas ou sufocantes e valorizam o espaço individual e pessoal se identificarão com isso.

Minha visão de não maternidade passa também pelo hedonismo e por um senso de independência que me fazem enxergar o constante convívio coletivo, e mesmo o convívio com a família nuclear, absolutamente opressores. O meu desejo de não ser mãe, assim como o de muitas com quem conversei, também passa por uma fortíssima rejeição ao papel doméstico e cuidador relegado às mulheres.

Reconciliar-me com a noção de cuidado é uma jornada que me toma anos. O que aconteceu comigo foi que, desde muito criança, eu desenvolvi ojeriza pela imposição do cuidado como tarefa de mulheres que eu não elaborava dessa forma. Associei todo aquele desconforto com as figuras de cuidado e decidi que não queria ser como elas, e que não queria cuidar.

Não foram poucas as sessões de terapia até que eu finalmente conseguisse compreender que muitas dificuldades em meus namoros e outros relacionamentos com homens surgiam quando eles me demandavam CUIDADO, quando eu me sentia empurrada para a condição de MÃE. Sempre me revoltava e passava a me esquivar quando essa demanda aparecia, mas eu não conseguia nomear o que me repelia.

Ora, é mais do que natural que mulheres não queiram se sentir mães de homens adultos e creio que meu inconformismo ao ser naturalmente colocada na posição de cuidar é não apenas justificável, como correto. Mas, por reatividade, levei para o outro extremo ao renegar fervorosamente tais solicitações, sempre dizendo que "eu não tenho nada com isso" ou "não sou sua mãe" ou "não é problema meu" ou "procure amigos para falar disso".

Bem, alguém precisava mesmo dizer isso para eles, porém, esse tipo de posicionamento tampouco condiz com uma relação saudável, na qual é esperado que o cuidado mútuo seja um ingrediente importante.

Poder se retirar da posição de cuidadora, rebelar-se contra o trabalho emocional e doméstico imposto pelos homens em relacionamentos e negar-se a ser um muro de lamentações para adultos que não querem pagar por terapia é, sim, um passo importante para muitas mulheres em relações heteronormativas. Sou contrária à ideia de que devemos amar sem esperar reciprocidade e dar cuidado sem esperar receber na mesma proporção. Esse discurso serve aos homens, que sempre foram autorizados a receber mais do que dão.

Se é libertador se dar conta dessas coisas, a posição contrária também não conduz a relações amorosas, em qualquer âmbito da vida. Uma sociedade mais igualitária passa por mulheres não suportarem toda a carga do cuidado, mas também passa por homens – e todos – cuidarem. Essa transformação está na essência de várias teóricas feministas. Nelas, o cuidado não se dá no âmbito de relações individuais, mas se torna uma ação política.

Mesmo conseguindo compreender a importância política de as pessoas cuidarem umas das outras, sigo tendo dificuldade de visualizar esse mundo comunal, ainda mais no curto prazo. Ao aceitar que o fortalecimento de comunidades, coletivização do cuidado e rompimento com a lógica nuclear de família sejam o melhor caminho, creio que essas transformações ainda levem tempo. Pergunto-me como, além da remuneração proposta por Federici e outras feministas já há algumas décadas, possa ser prático e realizável no curto prazo.

O Estado se responsabilizar por creches e educação integral é um ponto, um forte esforço educacional para que homens realizem tarefas domésticas é outro. Para mim, é mais pragmático trabalhar com uma lógica de cuidados socializados e providos pelo Estado do que na lógica de cuidados coletivizados no momento. É altamente provável que a vida da minha avó, da minha mãe e, consequentemente, a minha teriam sido muito diferentes se houvesse mais apoio estatal e se os homens fossem menos vagabundos. Porém, esperar que o Estado forneça serviços de cuidado que amparem mães e crianças não deve significar esperar que crianças fiquem confinadas à casa, creche, escola e parquinhos infantis.

E aqui passo a mais uma confissão reprovável. Quando era criança, não gostava muito da companhia de outras crianças e não me emocionava com bebês. Na adolescência, em um dos vários motivos que eu listava para não ter filhos, estava "não gostar de crianças". Demorou um bom tempo para eu entender que crianças são pessoas, e não gostar delas é não gostar de um grupo de pessoas. É fácil entender que "não gosto de idoso" ou "não gosto de pessoas de determinada raça ou etnia" é preconceituoso, certo? O meu "não gostar de crianças" também continha uma desaprovação das mães.

Graças à elaboração coletiva sobre a maternidade que temos presenciado recentemente, percebi que é muito fácil culpar mães, muitas vezes exaustas, quando as crianças estão fazendo o que crianças muitas vezes fazem, que é chorar, brincar ou fazer birra. É mais um caso em que culpar o pai é difícil porque ele raramente está lá para receber os olhares desaprovadores.

Não querer crianças em um determinado lugar é impedir que mães estejam nesse lugar – a menos que elas possam pagar uma babá ou tenham uma rede de apoio sempre disponível. Muitas mães não têm isso e, se elas não têm e não podem levar o filho consigo, então elas não podem jantar fora ou se divertir em uma festa?

Hesitei em compartilhar minha história sobre a minha fase de "não gostar de crianças", porque não é uma coisa muito legal de confessar. Mas decidi contá-la mesmo assim, pois sei que várias pessoas se identificarão com ela, e, nesse caso, é bom trazer elementos para que elas questionem essa posição, afinal, crianças são pessoas. Pois é, elas choram, fazem birra, gritam. Mas, até aí, muitos adultos fazem o mesmo e de forma muito mais danosa.

Uma entrevistada me falou sobre seu desconforto, que tem, sim, a ver com o potencial infantil de fazer uma grande algazarra, alcançar altos decibéis durante as brincadeiras, pintar paredes com os batons das mães, derrubar coisas. Mas, mais que isso, o que a incomoda é a ideia bastante aterradora de ter que ser considerada a única responsável pelo desenvolvimento de uma pessoa, do momento que nasce até a vida adulta.

"EU ENTENDO QUE A MÃE TÁ CANSADA, MAS NINGUÉM É OBRIGADA A AGUENTAR TANTO ASSIM."
Jasmim, 31 anos, veterinária, indígena, Pernambuco

Muita coisa me afasta. O que acho bonito são as fotos de barriga grande, mas para o resto não tenho paciência. Criança me deixa nervosa, crianças gritando. Eu entendo que a mãe tá cansada, ninguém é obrigada a aguentar tanto assim, ter que se preocupar tanto com a vida de outra pessoa, em fazer ela não acessar coisas perigosas na internet, em dialogar sobre namoro e sexualidade. Não me vejo com esse tipo de função.

A maioria das entrevistadas, contudo, disse que sempre gostou de crianças e curte conviver com sobrinhos e filhos de amigos. Muitas fizeram questão de ressaltar isso porque é muito comum colocar em quem não quer ter filhos a pecha de megera que odeia crianças. Nesse sentido, chamou-me a atenção o depoimento de Carina, que trabalha como babá nos Estados Unidos e tem interesse em se especializar mais nesse serviço – ela gosta de crianças, apenas não deseja ser mãe de uma. Curiosamente, a parte mais estressante do seu trabalho não envolve os pequenos, e, sim, a dinâmica familiar dos casamentos:

"Eu gosto de bebê porque eles são fofinhos. Mas, quando dá meu horário, eu dou graças a Deus de levantar e ir embora."
Carina, 30 anos, babá, asiática, São Paulo, mora nos Estados Unidos

Não consigo me lembrar exatamente quando eu percebi que não queria ter filho nenhum. Tinha uma boneca que chorava e, assim que aprendi a arrancar as pilhas, ela nunca mais chorou, achava insuportável.

Sempre achei gravidez um bagulho bizarro, não consigo conceber algo crescendo na minha barriga. Quando me perguntavam, eu dizia que, se um dia fosse ter filhos, iria adotar. Mas, aos 23 anos, comecei a namorar um cara que tinha filho e eu falava: "Nossa, não é pra mim, não dá, não".

Ele era um pai muito presente, tinha guarda compartilhada. A mãe era uma pessoa que acabava faltando, largava a criança lá e desaparecia, os planos que tínhamos mudavam. A gente ia fazer tal coisa e tinha que ficar com o menino em casa. Não quero abrir mão de coisas por ser mãe, por ter um ser 100% dependente de mim por anos.

Trabalhava em São Paulo como secretária e vim para os Estados Unidos há quatro anos. Desde que eu vim para cá, trabalho como babá full time, até umas 50 horas por semana. É extremamente estressante, não vou falar que eu amo o que faço, mas vejo que tem dias que quem me estressa mais é a mãe da criança e não a criança. Se você me contratou, você tem que confiar no meu trabalho e não ficar se metendo o tempo todo e deixar meu trabalho mais difícil. Você trabalha dentro de uma casa que não é a sua, se o casal está em crise, você vai estar lá, se eles estiverem brigando, vão gritar na sua frente, é emocional e fisicamente exaustivo. Bebê é fofinho e engraçadinho, eu gosto de ajudar eles a conquistarem alguns marcos de desenvolvimento, como ter coordenação motora e começar a andar. No meu último job, eu vi a bebezinha começar a andar, tudo que ela fazia era bonitinho, depois que ela aprendeu a andar, ela aprendeu a dançar, foi legal. Ontem aconteceu de o menino que eu cuido conhecer uma menina no parquinho, os dois ficaram o dia todo de mãozinha dada, achei legal, fiz vídeo, mandei pra mãe. Mas, quando dá o meu horário, eu dou graças a Deus de poder me levantar e ir embora.

Eu faço até mais do que a mãe faz na prática, faço serviço de casa relacionado à criança, mas eu vou para a casa depois, vou dormir a noite toda, meu final de semana é livre, nas minhas férias eu vou viajar sem me preocupar de ter coisas para a criança fazer e pagar coisas pra criança. Sinto que quem tem filhos deixa de ter uma vida. A partir do momento que você vira mãe, você é mãe pelo resto da sua vida, é permanente demais, não sei lidar com isso.

(Olha a boneca aí outra vez!)

Lembra do papo lá de cima sobre como é complicado definir maternidade? Do primeiro relato de Marina que, assim como Carina, não quer gestar e também cuida de uma criança? Enquanto o cuidado de Marina acontece no núcleo familiar doméstico, no caso de Carina, trata-se de cuidado profissional e remunerado. Ambas mostram que não ser mãe não significa não cuidar ou não querer cuidar.

Ainda assim, nos dois depoimentos, o cuidado se coloca como cansativo com bastante ênfase na esfera privada envolvendo mães, pais, madrastas e babás. São configurações tão comuns que fazem a proposta de coletivização dos cuidados parecer difícil de visualizar ou mesmo utópica demais, mas penso que, se não pudermos imaginar um futuro diferente, o feminismo não é uma ideologia revolucionária e se torna apenas uma forma de diagnosticar os problemas do patriarcado e se conformar com eles.

Algumas teóricas vão mais longe na imaginação da expansão da coletividade, propondo a extrapolação do que se considera "parente" para além da família. **DONNA HARAWAY**,[61] filósofa branca estadunidense, por exemplo, defende um mundo em que conexão e afeto superem totalmente os laços genéticos, familiares e mesmo a humanidade, abrangendo outras espécies e a natureza como um todo:

O DIREITO PESSOAL DE GERAR OU NÃO UM NOVO BEBÊ NÃO ESTÁ EM QUESTÃO PARA MIM: A COERÇÃO ESTÁ

ERRADA EM TODOS OS NÍVEIS NESTE ASSUNTO E TENDE A SAIR PELA CULATRA EM QUALQUER CASO. POR OUTRO LADO, E SE O NOVO NORMAL SE TORNASSE UMA EXPECTATIVA CULTURAL DE QUE CADA NOVA CRIANÇA TENHA VÁRIOS PAIS COMPROMETIDOS AO LONGO DA VIDA (QUE NÃO SÃO NECESSARIAMENTE OS CASAIS E QUE NÃO GERARIAM MAIS NOVOS BEBÊS DEPOIS DISSO, EMBORA POSSAM VIVER EM LARES MULTIGERACIONAIS COM VÁRIAS CRIANÇAS)?

A postura de Haraway, além de ser pela amplitude dos laços afetivos e de cuidado, é contra a perpetuação da ideia de "população" como uma massa humana homogênea que se estrutura em torno da família nuclear. Ecofeminista, ela também traz uma reflexão sobre a questão do aumento populacional e o impacto dos humanos no planeta – que, em seu caso, não passa por defender que as pessoas simplesmente deixem de se reproduzir.

Preocupações ecológicas também são um motivo comum entre quem não quer ter filhos. Algumas pessoas dizem não querer colocar no mundo mais uma pessoa que irá consumir e esgotar recursos. Outras argumentam que seria cruel trazer alguém para viver em um futuro de provável colapso climático do planeta. E há mesmo quem veja a humanidade em si como uma espécie essencialmente predatória. É o caso de Alessandra, brasileira que mora no Japão e está envolvida na causa animal.

CAPÍTULO 13

SE NÃO QUISERMOS MUDAR O MUNDO, DE QUE ADIANTA SERMOS FEMINISTAS?

"ENTENDI QUE O SER HUMANO É NATURALMENTE UM OPRESSOR ANIMAL E, SE EU ESTOU LUTANDO CONTRA ISSO, NÃO FAZ SENTIDO EU COLOCAR MAIS UM NO MUNDO." mora no Japão
Alessandra, 39 anos, operária, asiática, São Paulo

Sou brasileira nissei, filha de brasileiros de origem japonesa. Vim para o Japão com 17 anos de idade, hoje tenho 39. Vim trabalhar, a intenção era voltar pro Brasil, mas acabei ficando e estou aqui até hoje.

Sempre fui operária. Agora trabalho em uma distribuidora de alimentos, já trabalhei em montadoras de carros e celulares e outros eletrônicos. Moro sozinha e já tive relacionamentos em que a gente morou junto, mas acabou. Eu trabalho muito. Trabalho em torno de 18 horas por dia. Não quero dizer que sou viciada em trabalho, sou viciada em dinheiro mesmo.

Durmo três horas por dia, gosto de ficar pesquisando na internet sobre assuntos que me interessam e gosto bastante de beber. Não é o normal trabalhar tantas horas, eu sou meio fora da curva. Estou nesse ritmo já tem uns dez anos e não pretendo continuar pra sempre. Mas, como eu trabalho com resgate animal, toda hora tem gasto veterinário, tem internação e outras coisas assim, não posso me dar ao luxo de ficar sem dinheiro. Estou nos grupos de resgate de bichos e me dedico a isso nos fins de semana, mas não trago para minha casa porque não tenho tempo de cuidar. Fico responsável pelas despesas.

Sempre gostei muito de bicho e nunca entendi por que que se maltrata tanto os animais. Na época, eu só pensava em cachorro, gato, passarinho, periquito... Quando comecei a estudar

rata cachorro e gato se eu faço a mesma coisa com galinha, porco, pato. Quando eu entendi o veganismo como posicionamento político, como a indústria da carne afeta tudo no mundo, entendi que não é só questão dos animais. Acaba com o planeta, acaba com a infância das crianças, acaba com mulheres nas grandes indústrias têxteis... Não é só a questão da carne, é uma questão política e social, não consegui mais voltar atrás.

Eu sempre quis ter filho, brincava muito de casinha quando era pequena e pensava: "Quando eu tiver uma filha, ela vai se chamar Adriana". Comecei a namorar com meu segundo namorado e ficamos seis anos juntos. Ele queria muito ter filho e eu falava: "Espera aí, eu também quero, mas espera". Aí eu fui ver que, na verdade, eu não queria ter filhos. Entendi o que era maternidade compulsória, que eu não queria, só achava que queria. Depois que comecei a estudar o veganismo, entendi que o ser humano é naturalmente um opressor animal e, se eu estou lutando contra isso, não faz sentido eu colocar mais um no mundo. Além de não querer ter filhos também sou antinatalista.

Quando eu falo que não quero ter filhos, as pessoas falam que preciso ter alguém pra cuidar de mim na velhice. Não dá pra eu pensar em parir um enfermeiro. Ou então perguntam quem é que vai pagar minhas contas quando eu for velha. As pessoas não se perguntam por que elas querem ter filhos.

Toda vez que me perguntam sobre isso, eu peço um único motivo racional para ter filho, as pessoas nunca me dão um motivo decente. São sempre coisas relacionadas a cuidar de mim na velhice, manter meu nome, manter minha linhagem. O único motivo que acho racional é "eu quero, porque eu quero ter um filho". Aí, sim. Se a pessoa quer porque quer, faz sentido

A POSIÇÃO ANTINATALISTA coloca o nascimento como algo moralmente ruim e é comum que se estruture em torno de uma visão negativa da existência. Outro motivo que me leva a não querer ter filhos, por exemplo, é achar que viver implica sofrimento subjetivo, afinal, ter passado anos convivendo com depressão e ansiedade é sofrido mesmo. Não gostaria de trazer ao mundo alguém para sofrer e ter crises de pânico. Porém, no relato de Alessandra, não é a questão metafísica que conta, e, sim, o impacto sobre outras espécies – ainda que ela não cogite impor a outras pessoas que elas não se reproduzam.

Contudo, ao colocar o antinatalismo ecológico no campo das escolhas morais, outras questões surgem. E, ainda, será que defender uma posição contrária ao nascimento não conduz a um discurso que pode legitimar práticas eugenistas ou o fim de comunidades e etnias pelo controle populacional? Ao colocarmos o ser humano como naturalmente um opressor, não estamos recaindo na armadilha do essencialismo biológico? Esse ponto de vista não estaria universalizando um modo ocidental de se relacionar com os animais e a natureza em geral, já que muitos povos originários têm uma relação mais harmoniosa com o meio ambiente?

Donna Haraway[62] conta que é bastante criticada por colegas feministas quando questiona os laços de sangue e a importância cultural de gestar ou parir novos bebês. Afinal, para muitas mulheres o que está em jogo é o direito de poder gestar, parir e criar os filhos biológicos de forma digna – vide o que já falei sobre justiça reprodutiva algumas páginas atrás.

É de fato um nó pensar em mudanças climáticas e superpopulação global em intersecção com lutas contra o desaparecimento de povos originários e contra o controle populacional de grupos oprimidos como pessoas negras e imigrantes. Independentemente do julgamento ético ou moral que se faça acerca do antinatalismo ecológico, cabe se fazer uma pergunta: por que às vezes é mais fácil imaginar o fim da humanidade do que uma mudança para um sistema menos predatório que o capitalismo? Ok, os prognósticos de alta da temperatura global alimentam mesmo o pessimismo: a Organização das Nações Unidas (ONU) aponta que é provável que a Terra fique 1,5 grau mais quente até 2040.

Passar desse limite fará com que o planeta tenha cada vez mais eventos climáticos extremos, como furacões, chuvas e secas, o que impactará a produção de alimentos e pode levar à extinção de muitas espécies de animais. Mas simplesmente se resignar e assistir ao caos não é condizente com nossa luta contra o patriarcado. Não faz sentido querer um futuro em que não sejamos vítimas do machismo e das desigualdades raciais, de classe e gênero, e ao mesmo tempo pensarmos que não teremos futuro nenhum.

Quando falamos de maternidade ou não maternidade devemos almejar que todas possamos decidir se teremos filhos ou não, baseadas em nossas escolhas autônomas. Estamos também questionando os modelos pelos quais se estruturam os cuidados, que tornam a ideia de ter filhos não exatamente a mesma coisa que a ideia de se tornar mãe (dada a grande distância que essa experiência guarda da paternidade, e também as possibilidades de arranjos menos desiguais, mais coletivos ou socializados). Quando a questão ecológica se interpõe como ÚNICA motivação para não ter filhos, o que surge é mais uma situação de não escolha, ou de escolha por imposição externa.

Ao trazer essa reflexão, em nenhum momento estou dizendo que a preocupação com o meio ambiente não é um motivo legítimo para não ter filhos. Obviamente, também não estou dizendo que deveríamos ter filhos para garantir que a humanidade se perpetue – até porque esse discurso não se diferenciaria muito do Velho Testamento da Bíblia.

A vertente do ecofeminismo – da qual Donna Haraway faz parte – pensa a transformação social alinhada a uma mudança da relação com a natureza. E... vamos voltar brevemente ao Iluminismo! Como vimos, iluministas criaram as bases para um mundo regido pela razão, pela lógica e pelo pragmatismo, em que o conhecimento científico viria da observação fria dos fenômenos naturais.

A natureza, na visão de muitos deles, era algo a ser compreendido, decifrado e dominado pelos homens – o que não é diferente da forma como eles enxergavam as mulheres. Curiosamente, Rousseau não compartilhava dessa visão e defendia uma convivência mais harmoniosa com o ambiente natural.

Vimos que pressupostos de gênero são dualistas e colocam coisas como emoção e razão, natureza e cultura, natureza e tecnologia, corpo e mente como opostos em que o natural, corpóreo e sentimental é atribuído ao feminino e considerado inferior, impróprio à produção intelectual e o conhecimento científico. No império desse dualismo não é que as características consideradas femininas não sirvam para nada – elas servem para servir aos homens.

O trabalho de muitas ecofeministas propõe o fim da oposição e hierarquização das categorias duais e a interação entre elas para produzir conhecimento, tecnologias sustentáveis e construir uma sociedade ambientalmente responsável. Também se propõe que a categoria rebaixada – do corpo, do sentimento, do contato com a terra, do cuidado – seja valorizada como um caminho para uma relação não predatória com o meio ambiente.

Como já expus em diferentes ocasiões ao longo deste livro, minha relação com a noção de cuidado não é fácil e meu desejo de não ser mãe passa por não querer cuidar de um filho. Mas, ainda que rejeitar a posição de cuidadora na sociedade contemporânea seja rejeitar o lugar em que o patriarcado nos confina, o cuidado é importante nas mais diversas relações afetivas, profissionais e, também, com o planeta e na produção de conhecimento filosófico e científico.

Infelizmente, contudo, o discurso da valorização das categorias atribuídas ao feminino também é utilizado por ramos essencialistas de gênero que algumas vezes podem vir disfarçados de feminismo ou espiritualidade libertadora.

Você já deve ter se deparado com discursos místicos falando em *energia feminina* e *energia masculina* por aí e talvez já tenha esbarrado com a tese do *matriarcado ancestral*. É possível que já tenha lido ou ouvido que menstruar e parir são maneiras de se conectar com a terra e com o *feminino* e que são atividades *sagradas*, assim como o corpo da mulher cisgênera.

É um papo sedutor porque associa o corpo da mulher cisgênera e seus ciclos com algo mágico, misterioso e poderoso. Em um mundo em que não temos poder nenhum, a ideia de que somos intrinsecamente poderosas por menstruar, gestar, parir, nutrir e maternar é muito sedutora. Mas será que esses papos se distanciam muito da psicologia evolucionista, do Iluminismo, do discurso científico vitoriano e das coisas que Freud falava? Não, não se distanciam, são da mesma família. Eles seguem uma lógica dualista em que mulheres cisgêneras são ligadas ao cuidado, à natureza, aos mistérios e homens à razão, à objetividade, à ação.

A diferença é que tais discursos místicos colocam o *feminino* em um pedestal de poder. Mas é um poder falso, que em nada muda o papel da mulher na sociedade, pelo contrário, o sacraliza como inato, natural e desejável. Recentemente me deparei com alguns posts em redes sociais pregando a importância de se conectar com a *energia feminina* para ser mais feliz. Li um em que uma mulher fala sobre como ser bem-sucedida na carreira a estava sobrecarregando, deixando-a ansiosa. Ela narrava suas várias conquistas profissionais e então falava que, ainda assim, não estava bem porque estava com a *energia masculina* muito preponderante. Aí ela passou por um processo que envolvia se conectar com sua *energia feminina*.

Esse processo envolveu largar vários projetos de trabalho, ter filho e... vender curso de como fazer o mesmo. Muita gente acreditou se tratar de um discurso feminista, talvez até a própria autora. Não consigo entender por que é necessário criar uma justificativa feminista para uma decisão que NÃO PRECISA DE JUSTIFICATIVA FEMINISTA, que é a de diminuir o foco na vida profissional e/ou ter filho.

Questionar a noção do sucesso profissional como meta obrigatória ou desafiar a lógica do trabalho como única fonte de satisfação é necessário. Atribuir a busca de sucesso e os espaços de poder profissionais à *energia masculina* é apenas deixar para os homens um território do qual há muito tempo eles tentam nos excluir. É um papinho que não nos serve a nada, apenas faz a opressão vir com gostinho de: "Ai, mas eu nem queria mesmo, estou melhor aqui no meu lugar *feminino* que ganha menos dinheiro, mas pelo menos é mais acolhedor e empoderado e próximo dos ciclos naturais".

Outra teoria que aparece enredada nessas narrativas e parece muito feminista é a da *Deusa* e a do *matriarcado ancestral*. No ano de 1861, um suíço chamado Johann Jakob Bachofen lançou a tese de que, antes do patriarcado, era o matriarcado que reinava. Mulheres detinham o poder político, religioso e social nas sociedades pré-históricas. Para provar isso havia os indícios arqueológicos de cultos à Grande Deusa Mãe na antiga Europa e de que as sociedades eram matrilineares – a descendência dos filhos era determinada pela família materna.

A teoria se tornou popular entre pensadores do fim do século 19, voltou a chamar atenção nos anos 30 do século 20 e, na década de 70, se tornou especialmente popular. Na época, a arqueóloga Marija Gimbutas lançou um livro com farto material sobre a Grande Deusa Mãe[63] e outros deuses, que foi rapidamente acolhido por uma parte do feminismo como prova cabal de que houve um matriarcado ancestral pacífico e estável. Os mitos que mostram a perda de poder e prestígio de deidades femininas também ajudam a apoiar essa tese. O idílio teria terminado lá por 3 mil antes de Cristo, após uma revolução patriarcal.

grande deusa MÃE?

EU SOU UMA OBRA DE ARTE QUE ANTECEDE O QUE VOCÊS CHAMAM DE ARTE?

SOU UM AMULETO DE FERTILIDADE?

FUI ESCULPIDA POR MULHERES?

EU REPRESENTO A ABUNDÂNCIA?

ESTOU GRÁVIDA?

JÁ EXISTIU UM matriarcado?

SERÁ QUE ISSO SEQUER IMPORTA? POR QUE O QUE JÁ FOI DEVERIA INFLUENCIAR O QUE PODE SER?

VOCÊS NÃO CONSEGUEM CONCEBER UMA ESTRUTURA em que não haja Subjugação?

ME TIREM DESSE PEDESTAL PELO AMOR DAS DEUSAS!

SOU A IMAGEM DE UM PODER FEMININO IDÍLICO?
SOU UM SÍMBOLO DE CUIDADO AMOR E NUTRIÇÃO?

Sou mesmo uma deusa?

Há muitas explicações para o motivo pelo qual homens se rebelaram e tomaram o poder. Em uma delas, eles teriam subitamente percebido que eram importantes porque sacaram que os bebês não cresciam na barriga das mulheres do nada, e que, portanto, eles tinham poder na concepção e sobre a prole. Em outra, as regiões cheias de tribos matriarcais da Ásia menor e da Europa meridional teriam sido invadidas por povos patriarcais das estepes russas. A transição da agricultura de subsistência para grandes plantações e o surgimento da propriedade privada também poderiam ter contado a favor dos homens.

A questão é que a tese do matriarcado ancestral não é comprovada pelas evidências arqueológicas e antropológicas. Isso não quer dizer que ele não tenha acontecido, apenas que os materiais encontrados até agora não sustentam essa tese do paraíso idílico que antecedeu o império da masculinidade.[64]

Há evidências de que, sim, as sociedades eram matrilineares e a ascendência das crianças era atribuída às mães. Muitas culturas tinham a presença de divindades femininas poderosas e associadas ao ciclo da vida. Mas essas coisas não são o suficiente para concluir que mulheres tinham mais poder político, social, econômico e religioso que os homens em toda aquela região. A própria existência de uma deusa mulher com muito poder de criação, crescimento e morte não é o suficiente para determinar que, no plano terreno, mulheres fossem reverenciadas como manifestações divinas.

Independentemente de o matriarcado idílico ter ocorrido ou não – e nada indica que ocorreu –, a ideia de uma Grande Deusa Mãe, geradora de vida, nutrição, proteção, cuidado e fonte de um poder replicado nas sociedades humanas é interessante e reconfortante. Ainda mais considerando que vivemos em uma civilização judaico-cristã, em que o Deus, nosso Senhor, e o seu filho Jesus são homens. Embora digam que o Espírito Santo não tem gênero, o pronome que usamos para ele em nossa língua tem, e é masculino.

Porém, o próprio nome da Grande Deusa Mãe já revela qual o problema de se apegar a essa narrativa como indicadora de um domínio que já tivemos e que podemos voltar a ter algum dia. Seu arquétipo fundamental é...

... ser mãe, nutrir, cuidar e ser indissociável da natureza.

Esses aspectos associados à feminilidade são os mesmos que nos oprimem hoje. Tanto que o tal Bachofen não era exatamente um aliado das mulheres. Ele, inclusive, colocava o patriarcado como uma evolução desse nostálgico período. Para ele, o matriarcado – ao qual ele também se referia como "ginecocracia" – era até meio gostosinho, mas o patriarcado foi uma melhora em relação a ele, foi a vitória da mente sobre o corpo, da cultura sobre a natureza, da razão sobre o instinto. É mais um indicativo de que muitos dos discursos que sacralizam o feminino e propõem uma reconexão das mulheres com os estereótipos da feminilidade são a cria de uma ideologia machista.

Percebam o grande abismo que há entre as ecofeministas que propõem acabar com uma lógica dualista, integrar os dois polos e valorizar o cuidado e a conexão com a natureza e os discursos que pretendem manter esse dualismo.

Não raro, quando mulheres não se identificam com as características supostamente femininas, é dito delas que estão energeticamente desequilibradas. É mais fácil arranjar uma desculpa assim do que simplesmente aceitar que algumas mulheres não se encaixam nesses padrões porque pessoas são diferentes. Além de tudo, esse discurso reforça o preconceito contra mulheres que se dedicam à carreira, afinal, essa é a *energia masculina*. Já sofremos assédio e preconceito o suficiente em nossas vidas profissionais, não precisamos de mais um.

O relato a seguir é de uma mulher que sempre focou a carreira e atualmente tem 55 anos e está muito satisfeita com a sua vida. É interessante ouvir uma mulher madura que não teve filhos e nunca se arrependeu. Afinal, se tem coisa que escutamos muito quando revelamos que não queremos ser mães é: "Você não tem medo de se arrepender?".

"ALGUNS JULGAMENTOS, MAS NADA PESADO. SOU FELIZ DEMAIS PARA SER QUESTIONADA."

Olívia, 55 anos, CEO, branca, Minas Gerais

Trabalho em um grupo estrangeiro com sede no Brasil, faço desenvolvimento imobiliário, determino onde construir lojas, se vai fazer prédio ou estacionamento, lido com manutenção das operações. Sou engenheira civil e tenho MBA em marketing de serviços, é um mundo bem masculino e eu sou uma das poucas mulheres no Brasil que faz isso.

Trabalhei na indústria de shopping por 23 anos. As pessoas me perguntavam: "Você trabalha com o quê?". Eu respondia que era com shopping, e elas: "Em que loja?". Às vezes, respondia, dizendo o nome de alguma loja, principalmente pra homem, porque dava muito trabalho explicar para eles que uma mulher fazia o que eu fazia.

Eu durmo cedo e acordo bem cedo, faço exercício funcional e ioga de manhã, eu tenho que funcionar de manhã. Gosto muito de música, de ir a festivais de música. Tenho muitos amigos, gosto de sair, mas gosto mais ainda de receber amigos em casa. Minha rotina de trabalho é pesada, mas não faço disso uma bandeira, não digo que não tenho tempo pra nada porque tenho tempo pra tudo. Eu consigo organizar minha rotina de um jeito que dê pra levar o trabalho e a vida social. Mas para isso foram anos de estrada e de terapia para ter uma vida equilibrada.

Viajo umas quatro vezes por ano pra fora do Brasil por lazer, divido minhas férias em férias menores. Também viajo a trabalho porque é uma multinacional. Já fui a 54 países.

Nasci numa família de classe média que acabou se tornando média alta. Minha mãe é filha de pais separados, meu avô foi comprar cigarros e nunca mais voltou. Meu pai é médico e saiu do interior de Minas para estudar, é de uma família humilde. Minha avó foi funcionária dos correios para sustentar o filho, e meu pai ganhou bastante dinheiro com a medicina. Então eu tive uma adolescência privilegiada, mas era muito rígida, tudo que eu queria era viajar e conhecer o mundo. Meu pai entendia, mas disse que seria só depois que eu me formasse em um curso que me garantisse trabalho, meu pai dizia que eu não podia depender de ninguém, nem de família, nem de marido, nem de ninguém. Ele falou que era pra eu me formar num curso que me garantisse um bom emprego e depois eu poderia fazer o que quisesse, e foi por isso que estudei cinema depois, para fazer o que eu quisesse.

Um ano antes de eu me formar, meus pais se separaram. Foi difícil e complicado, minha mãe se encheu das traições do meu pai e eles começaram a brigar pela separação de bens. Minha mãe não sabia fazer nada direito quando o assunto era administrar dinheiro e eu vi que ia ter que resolver isso. Então resolvi dar um tempo da loucura daqueles dois, vendi o meu carro, peguei o dinheiro e fui mochilar por um ano. Estava na Europa quando o muro de Berlim caiu! A gente não tinha a menor ideia de que estava vivendo um momento histórico inacreditável.

Meu primeiro marido era casado quando nos conhecemos. Ele se separou, tinha uma filha. Não nos casamos e fomos morar juntos. A família dele não aceitava a hipótese de a gente se separar. Comecei a ter destaque na carreira e ele não lidou

ele havia tentado entrar na vaga do shopping e eu entrei. Ele tinha uma insegurança muito grande com meu desempenho. Nós nos separamos e fiquei anos sem vê-lo. Encontrei-o depois de 15 anos e foi engraçado. Falei: "A gente não daria certo, porque eu continuaria sendo a pessoa que eu sou e você a pessoa que é". Com o outro marido fiquei casada por sete anos. Ele era inteligente e gostávamos das mesmas coisas, mas fui notando que ele não fazia esforço para atingir suas ambições. Queria escrever um livro e passava o dia vendo futebol. Com nenhum deles era uma questão ter filhos.

Não tenho memória de sonhar em ter filho quando era pequena. Tenho memória de ter bonecas, eu ganhava bonecas e elas ficavam bonitinhas sentadas na cadeira. Eu brincava mas não era de mamãe e neném. Na adolescência, eu falava que não queria ter filho e não queria me casar porque achava tudo aquilo ridículo! Achava vestido de noiva uma fantasia de carnaval. Naquela idade, minhas amigas todas estavam casando e tendo filhos e eu estava preocupada com outras coisas. Não tinha tempo para pensar nesse assunto porque não fazia sentido pra mim.

Eu nunca tinha tempo pra isso porque tinha outras agendas, vontades e desejos. Continuo do mesmo jeito. Quando foi chegando meus 40, que é a data meio limite pra ter filhos, pensei: "Será que eu vou me arrepender?". Nessa época, eu estava namorando um cara na Inglaterra e até pensei que talvez tivesse um filho com ele, para ficar mais fácil a cidadania. Mas não tive, nem tenho, coragem de colocar uma pessoa no mundo com esse objetivo.

Sofro alguns julgamentos, mas nada pesado. Sou feliz demais pra ser questionada. É interessante a reação quando eu falo que não queria ter filhos, a palavra que passa é egoísmo

Pensam que eu não tive filho porque não pude, porque sou uma coitada, mas eu não tive porque não quis.

Em janeiro de 2019, fiz histerectomia porque estava com um sangramento que não parava. Eu tirei útero, ovário e trompas. Foi só essa vez que a não maternidade pesou, porque a histerectomia total fez bater a chave do definitivo. Antes era uma escolha minha e depois passou a não ser uma escolha minha, foi uma definição. Enquanto foi minha escolha, eu lidava bem com isso, mas a cirurgia me deu a sensação de que perdi meu controle. Mas passou, hoje lido bem.

Tenho duas irmãs e só uma teve filhos, a mais nova. Ela tem dois, um de 11 e uma de 6. O de 11 é autista e é incrível, minha paixão e um dos meus melhores amigos. Gosto de ser tia e gosto de não ser mãe.

Em primeiro lugar, olha aí as bonecas que não são mães e nem filhas de novo! Realmente, a socialização das mulheres para o cuidado dá trabalho e, com frequência, não dá certo!

Agora que o fim do livro se aproxima, achei que trazer a história de Olívia traria um pouco de otimismo. Ela mostra que, na maturidade, é completamente possível ser feliz sem filhos. Mostra que focar na carreira pode ser muito gratificante para quem o deseja. Mostra que casamentos podem ser bons e divertidos, mas que não é necessário permanecer neles para sempre. Mostra que amigos são boas companhias e são laços afetivos fortes.

E é um caso em que a não maternidade se deu no campo dos desejos. É esperável que vejamos Olívia como uma mulher privilegiada, que cresceu em uma família de classe média alta e teve oportunidade de estudar e viajar. Porém, quando nomeamos a possibilidade de não querer ser mãe apenas porque não se tem vontade como "privilégio" já começamos perdendo. Escapar da maternidade compulsória e fazer valer o querer ou não querer apenas porque se quer ou não se quer deveria ser um direito e uma realidade para todas.

Apesar de não ter vindo de uma família de classe média alta, me identifiquei em muitos pontos com a história dela. Para mim, assim como para Olívia, a não maternidade sempre esteve no campo da escolha. Tal qual ela, também sempre sonhei em ser bem-sucedida na carreira e em viajar bastante, e considero ter realizado esses objetivos. Trabalhei durante muitos anos como jornalista, profissão que escolhi na adolescência e que ainda exerço. Mas eu não tinha planos de me tornar cartunista, publicar um romance e, agora, um livro de não ficção.

No meu caso, fazer uma laqueadura foi muito mais fácil do que foi para a maioria das pessoas. Tinha um bom plano de saúde e um emprego estável na época, além de fácil acesso à informação. Fiz questão de me cercar de pessoas que não me pressionariam para ter filhos e frequento um círculo social em que a não maternidade é comum.

Olívia mora perto de minha casa e tivemos a oportunidade de nos conhecermos pessoalmente depois da entrevista. Nas ocasiões em que a encontrei, ela estava cercada de amigos. Tomamos vinho e comemos muito bem. Ela tem muitas histórias para contar além de ter presenciado a queda do muro de Berlim. Sua companhia é extremamente agradável e reforçou o que eu sempre soube: a felicidade e a satisfação não precisam estar vinculadas à família nuclear, ainda que isso não signifique o afastamento da família biológica.

Mas, ainda que Olívia seja tão segura a respeito de sua decisão, assim como tantas de nós, as interpelações permanecem.

CONCLUSÃO

NÃO TEMOS O DESEJO DE SER MÃES E NINGUÉM TEM NADA COM ISSO

SE EU TENHO ESCUTADO POUCAS DESSAS AFIRMAÇÕES e perguntas cretinas na minha vida pessoal é porque não mantenho laços com pessoas que me falariam isso – nem amigos, nem família falam, e qualquer um que falasse seria imediatamente considerado um CHATO, ENXERIDO, INSUPORTÁVEL, DESRESPEITOSO e SEM NOÇÃO e seria chutado da minha vida o mais rápido possível.

Porém, várias mulheres não vivem em uma situação em que podem fazer isso. Às vezes, como Heloísa (p. 108), elas vivem em um contexto social em que não há espaço para a não conformidade. Elas podem sentir essa pressão no contexto profissional – a não mãe nunca é tão realizada quanto a colega que teve filhos e ainda assim foi promovida, certo? Muitas vezes as pessoas que as interpelam são familiares que elas amam. Às vezes é a tia legal que faz bolo e é atenciosa, às vezes são os pais, às vezes, os namorados e maridos.

No caso de Fábia, a interpelação acontece bastante no terreno da espiritualidade. Ela é evangélica porque quis, ainda jovem, se conectar com Deus. Apesar de ter se encontrado na religião neopentecostal, ela não se encaixa naquilo que muitos devotos acreditam ser importante para ter uma vida abençoada. Ela gosta de ir aos cultos, se diverte em atividades da igreja e se sente acolhida pela comunidade. Mas tem um lado chato, e esse lado é a intromissão.

"DA MINHA FAMÍLIA NUNCA SENTI PRESSÃO, MAS NA IGREJA, SIM, QUANDO VOCÊ DIZ QUE NÃO QUER TER FILHOS, QUE NÃO QUER CASAR, QUE ESTÁ BEM SOZINHA, É TABU."

Fábia, 34 anos, servidora pública, branca, Goiás

Eu nasci no interior de Goiás e moro no Acre. Minha avó materna teve 11 filhos, a paterna, 4, minha mãe teve 4 filhos, eu sou a filha mais velha. É curioso, não sei explicar o motivo e nem o que motivou, mas eu tinha 8 anos de idade. Eu me lembro bem desse dia. Era uma decisão minha. Eu lembro que, quando eu era pequenininha, ninguém na minha casa ia à igreja e eu fiz uma oração pra Deus e disse: "Senhor, eu não quero ter filho". Não tenho um motivo específico como trauma ou desajuste, é meu, é de mim.

A primeira pessoa da minha família que resolveu ir pra igreja fui eu mesma, já com 17, 18 anos. Procurei várias, senti a necessidade de procurar essa área espiritual. Fui na igreja católica, espírita e mórmon, mas me encontrei na igreja evangélica. Eu tinha questões e perguntas e encontrei respostas, estou por lá até hoje.

Não é questão de felicidade, é de paz, é de orar e ter respostas, orar e ver coisas acontecerem. Recentemente, teve a questão de ser confortada, eu perdi uma irmã e a igreja ajuda, não é só Deus, também tem as pessoas, os amigos, as atividades, é um segmento da vida da gente, como se a vida fosse uma pizza. Cada fatia seria um segmento, como a questão profissional, questão espiritual, questão familiar.

Da minha família nunca senti pressão, minha família é muito tranquila com relação a isso, mas na igreja, sim. Frequentemente, quando você diz que não quer ter filhos, que não quer se casar, que está bem sozinha, é tabu. Você ouve essas frases de que a vontade vai vir, que vai mudar, que você só sente amor de verdade quando tem filho, eu ouço muito na igreja, mas não muda o que eu penso. Eu não concordo, de cara eu não concordo, eu sou uma pessoa que ama muito, minha mãe, minha família, meus irmãos, meus amigos, sou capaz de amar um cachorrinho, existem vários tipos de amor, não acredito que uma pessoa só consiga entender o que é amor quando tem filho.

Eu me sinto bem quando estou perto de uma pessoa que pensa parecido comigo, mas aqui é difícil encontrar pessoas com esse tipo de pensamento. As pessoas vêm de uma tradição de ter muitos filhos, quando a pessoa não tem muitos filhos é porque tem algum problema com ela. Não é que a pessoa que não tem filho seja rejeitada ou sofra violência, mas você não se sente bem, parece que não tá ali com seus iguais. Já tive oportunidade de morar em Brasília e São Paulo e conheci pessoas com outros pensamentos, são lugares maiores, mais diversos, você encontra mais pessoas que pensam igual ou que lhe entendem, você encontra pessoas que são casadas e têm filhos, mas entendem, não ficam dizendo: "Você não encontrou a pessoa certa".

Isso já foi questão em relacionamento e foi motivo do término de relacionamento, de namoro, de noivado, foi mais de um. O cara quer ter filho, mas não é a barriga dele que cresce, não é ele que vai ter o menino, fica aquela pressão de vamos casar e ter filhos. Acho que ter que gestar, parir, esse vínculo que você vai ter com o filho pro resto da sua vida. Não sei, tem algumas coisas que me assustam, inclusive, quando sonho que tô grávida, eu acordo chorando, tendo um pesadelo, é um dos piores sonhos que eu tenho.

Gosto do relato da Fábia por mostrar que é possível conciliar religião com o fato de não querer ter filhos, ainda que não sem julgamentos. Mas, chegando a esse ponto, imagino que você esteja achando os relatos repetitivos. Há elementos que aparecem com frequência – como as bonecas.

Outra questão que aparece em vários deles e que me surpreendeu é que muitas mães entendem perfeitamente a decisão das filhas. Pensei que ouviria muitas histórias de mães que querem ser avós e pressionam para que isso aconteça, mas me deparei com várias mães que, como a minha, são compreensivas.

No relato de Estela (p. 159), sua mãe queria que ela tivesse filhos e falava todo o rosário de expressões que estamos cansadas de ouvir. Mas, em um dado momento, ela percebeu que "não era pra todo mundo". A mãe de Paula, em vez de interpelar pessoas perguntando quando elas vão ter filhos, interpela-as para que não tenham. As mães de Ângela e Laura passaram por situações difíceis e deixaram de fazer o que gostariam quando jovens e as apoiam.

Eu não deveria ter me espantado tanto com isso. Tenho muitas amigas que são mães e que sempre disseram que entendem minha posição. Mas perceber que tantas mulheres são apoiadas pelas próprias mães foi acalentador. É na relação com as mães que entra a questão do déficit de tempo feminino para cuidar dos próprios desejos, da saúde, da sexualidade e das atividades de lazer. Na observação da vida das próprias mães e avós, muitas de nós notamos que ser mãe significa não ter tempo – e ter tempo foi algo bastante correlacionado com a não maternidade ao longo das conversas que tive.

Outra coisa que se repete em vários depoimentos é o pavor com relação à gestação, o medo da mudança no

246

corpo, o desconforto em pensar em algo crescendo dentro de si. No caso de Marina, várias tragédias familiares contribuem para esse medo, mas no caso de Marcelo ou de Carina o temor não passa por esse tipo de trauma.

    Percebi que há mulheres que não têm o desejo de serem mães, como Olívia e Melina. Para elas, a maternidade é vista como algo que pode dificultar o estilo de vida, deixar menos tempo para a carreira e para os hobbies. Porém, a recusa não é tão intensa, tanto que ambas já consideraram a possibilidade de ter filhos em algum momento. E há mulheres que têm o desejo de não serem mães, como Heloísa e Cássia. É uma diferença sutil. No segundo caso, há uma repulsa mais intensa ao trabalho de cuidado imposto às mulheres e à construção de feminilidade associada à figura da mãe abnegada.

    Em alguns casos, como o meu, o não desejo de ser mãe (por estilo de vida) e o desejo de não ser mãe (pela recusa ao papel do cuidado) coexistem. Eu nunca quis ter filhos porque a maternidade nunca me atraiu e isso não se encaixava nos meus desejos, como viajar, sair, explorar diferentes possibilidades na carreira. Simultaneamente, não gosto de me sentir no papel de grande responsável pelo bem-estar físico e emocional de outra pessoa – seja filho ou namorado – e a ideia da maternidade como sacrifício me provoca bastante asco.

    Em histórias como as de Paula e Raíssa, o desejo de não ser mãe é atravessado pela possibilidade de um dia adotar uma criança. Parece contraditório, mas, depois de tantas entrevistas e tantas leituras sobre o tema, percebi que a contradição, a tensão e a existência de sentimentos e pensamentos conflitantes são demasiado humanas.

Perguntei a todas as mulheres com quem conversei a opinião delas sobre o aborto. Com exceção de Fábia, que o apoia apenas nos casos previstos em lei, todas são favoráveis à legalização do procedimento. Infelizmente, Maria e Paula, que dividiram comigo a experiência de abortar, passaram por violência hospitalar. Nenhuma delas se arrepende, elas situam o trauma na clandestinidade e não na culpa.

Ficou claro que a não maternidade muitas vezes não se dá no campo da livre escolha. Mas também ficou claro, em quase todos os relatos, que a escolha estava lá. O fato de algumas mulheres poderem optar pela não maternidade sem levar a questão econômica em consideração não quer dizer que as mulheres a quem a questão econômica se impunha não tivessem agência.

Destaco o relato de Raíssa, em que a pobreza da família e o fato de ter cuidado dos irmãos (algo que ela não escolheu) pesam muito em seu desejo de não ter filhos; porém, ainda que a questão social importe tanto, ela também lista motivos pessoais e objetivos individuais como motivadores.

Foi notável, ainda, a ânsia das mulheres que não querem ter filhos em quererem falar sobre isso. Três dias após abrir o formulário, decidi fechá-lo para respostas e recebi mensagens de mulheres lamentando não terem tido tempo de preenchê-lo. Por isso, decidi abri-lo novamente. Toda vez que o divulgo, algumas mulheres respondem e contam suas experiências sobre o tema.

A maioria das entrevistas que realizei duraram mais de 30 minutos, algumas mais de uma hora. Algumas das entrevistadas agradeceram o fato de terem conseguido conversar sobre isso e elaborar em voz alta. Eu me questiono: se fosse um formulário voltado a homens, sobre não paternidade, haveria tanta vontade de discutir o assunto? Arrisco dizer que não.

A pesquisadora brasileira branca **ANA LUIZA DE FIGUEIREDO SOUZA** dedica parte de seu trabalho a estudar postagens sobre maternidade e não maternidade nas redes sociais. Em artigo[65] que analisou as postagens do perfil @naonasci_prasermae, de autoria de Niriane Neuman, Ana Luiza aponta que até mesmo o ato de debater sobre ter filhos ou não é algo imposto às mulheres.

> **APESAR DE AMBOS SEREM RESPONSÁVEIS POR GERAR/ADOTAR FILHOS, REFLETIR SOBRE TÊ-LOS OU NÃO É UMA COBRANÇA MUITO MAIOR NA VIVÊNCIA FEMININA QUE NA MASCULINA.**

Idealmente, deveríamos discutir parentalidade ou não parentalidade, já que esse é um assunto de todos. Mas, pela minha experiência, são poucos os homens que se propõem a refletir sobre o tema. Entre os homens que conheço, aqueles que dizem querer ter filhos raramente têm noção do que isso significa na prática. Já os que não querem não passam muito tempo elaborando o porquê de não quererem da mesma forma como as mulheres fazemos – e este livro demonstra.

Já ouvi homens conhecidos dizendo que não era uma grande questão para eles serem ou não serem pais (que inveja tenho deles!) e que estava a cargo de suas parceiras decidir. É mais uma daquelas situações em que eles parecem estar nos concedendo um poder, mas estão apenas jogando um pedregulho de sobrecarga em nossas costas. Como assim, deixar uma decisão importante dessas para o futuro do casal em cima de uma só pessoa?

Chama-me atenção também que, quando artistas homens de que gosto vão a podcasts apresentados também por homens, eles falam sempre as mesmas coisas sobre a carreira, sobre a trajetória profissional. Quase nunca há uma reflexão mais interessante sobre a vida, apenas informações que descubro com uma busca no Google. Enquanto isso, mulheres que vão a podcasts sempre têm de responder sobre se querem filhos ou não. Francamente? Prefiro as entrevistas das mulheres em que elas falam tanto da carreira como de seus incômodos e desejos em outras áreas da vida. É um vislumbre sobre a vida de uma artista que me permite saber mais sobre quais as suas motivações para produzir arte e seus processos criativos. Enquanto isso, até agora não sei se alguns dos meus artistas homens favoritos querem ter filhos ou não. Tenho muita curiosidade, seria minha primeira pergunta.

Tendo escrito tantas páginas de uma elaboração pessoal e coletiva, torço para que elas sejam lidas pelo maior número de pessoas possíveis. Inclusive homens, porque essa não é uma "conversa de mulher".

Depois de dizer tudo isso, é com satisfação pessoal que termino este livro, mas não sem desgaste emocional. Durante 11 anos, trabalhei como jornalista de economia, cobrindo mercado de capitais e negócios em um trabalho que muitas vezes era difícil, mas que nunca exigiu envolvimento emocional.

Em 2017, comecei a fazer quadrinhos e isso resultou em publicações independentes como meu zine *Manual da esposa pós-moderna*, de 2018, e o livro *Parece que piorou*, publicado pela Companhia das Letras em 2020. Os cartuns foram um espaço lúdico de descarga de traumas, insatisfações e críticas ao modo de viver contemporâneo, o processo de criá-los sempre foi divertido. As tirinhas podem ser fruto de raiva, rancor, tristeza, trauma, mas é um trabalho relaxante pegar caneta nanquim, aquarela, marcadores e outros materiais e riscar o papel sem ter nenhum compromisso com produzir algo tecnicamente correto.

Em 2021, escrevi o romance *Com todo o meu rancor* e ele foi publicado pela Editora Rocco em 2022. Escrevê-lo foi um processo fluido e rápido, ele ficou pronto em menos de 20 dias. O processo todo, contudo, durou alguns anos. Quando o coloquei no papel, as questões ali abordadas já haviam sido fruto de uma longa elaboração de questões emocionais e afetivas traumáticas. Dei vazão a algo que estava pronto.

Com este livro foi completamente diferente e muito mais difícil do que pensei que seria. As questões aqui abordadas não estavam completamente elaboradas ou maduras, ele não foi resultado de um processo terapêutico, mas o processo terapêutico em si, com todas as dificuldades que um processo terapêutico traz. Optei por ser o mais honesta possível sobre minhas vivências e relações afetivas e familiares e narrá-las de tal forma foi, muitas vezes, doloroso.

O objetivo inicial não era abrir um formulário que tivesse tantas respostas e entrevistar tantas mulheres. O livro seria um ensaio confessional bem-humorado, recheado de referências teóricas e alguns dados. A escolha, muito acertada, de trazer várias experiências foi fascinante e absolutamente exaustiva.

Tive de ouvir muitas coisas tristes. Quando não eram as entrevistadas que tinham passado por situações péssimas, eram suas mães. Foram poucos os relatos que inspiraram mais tranquilidade – e esses foram os de mulheres de classe mais alta com mais condições de exercerem suas escolhas de forma mais autônoma, sem pressões externas como a pobreza.

O trabalho de Nanda Duarte, que me forneceu orientação teórica e interlocução, tornou o processo intelectualmente desafiador. Foram muitas leituras e pesquisas, fui introduzida a muitos conceitos em um espaço curto de tempo. Costurar os relatos das entrevistadas, minhas experiências e a produção intelectual de outras autoras foi como montar um quebra-cabeça.

Não exagero ao dizer que este foi o trabalho que mais exigiu de mim, intelectual e emocionalmente. A escrita em muitos pontos travava. Em vários dias, acordei pensando que era melhor escrever logo, pois o prazo final se aproximava, mas me sentei em frente ao documento e percebi que ainda faltava organizar e elaborar as ideias antes de dar o primeiro passo.

Sinto que realizei um trabalho importante, usando o humor sempre que me foi possível. Espero que todas as pessoas que chegaram até aqui tenham percorrido também uma jornada emocional e intelectual – porque essas coisas não precisam andar separadas, afinal.

CONCLUSÃO

POSFÁCIO

Bruna Maia nunca quis ser mãe, mas deseja colocar muito de si no mundo.

ALGUMAS NOTAS SOBRE A EXPERIÊNCIA DE APOIAR UMA AMIGA ESCRITORA EM MAIS UMA AVENTURA ENTRE SUAS RECUSAS E CRIAÇÕES.
NANDA DUARTE[xx]

Quando fui ao hospital acompanhar a alta de minha amiga após a realização de uma laqueadura, ela narrava sonolenta a experiência e fazia gracejos sobre a delícia de ter acesso hospitalar facilitado a boas drogas analgésicas. Era a tranquilidade em pessoa. Sua decisão estava tomada havia muito tempo, e o processo só não fora mais simples por conta de algumas dificuldades impostas por médicos, serviços e plano de saúde. Uma mulher, sem filhos, buscando um procedimento definitivo para não engravidar... Ora é o elemento *definitivo*, ora é a *falta* de filhos a justificativa acionada para os entraves, para o convencimento

---

[xx] Nanda Duarte é jornalista, pós-graduada em gênero, sexualidade e direitos humanos e mestre em saúde pública. É amiga da Bruna Maia, com quem divide um profundo sentimento de parentesco. Acredita que essa possibilidade de nos fazermos parentes para além dos "laços sanguíneos" nos faria bem a todes.

em contrário. Mas alguma coisa (possivelmente o feminismo) já nos dizia que nenhuma delas seria uma questão, se não fosse pela primeira: era, afinal, uma mulher.

Quatro anos se passaram, e essa mulher, a Bruna Maia, publicou seu primeiro livro como cartunista (*Parece que piorou*, 2020, Companhia das Letras), e depois o seu primeiro romance (*Com todo o meu rancor*, 2022, Editora Rocco). Você lê agora o terceiro livro dela, um exercício aparentemente distinto dos anteriores. Ela encasquetou que escreveria sobre o seu desejo de não ser mãe, inventou de abrir um formulário na internet e se deparou com centenas de pessoas vocalizando desejos parecidos. E aí decidiu que conversaria com algumas delas sobre o tema e veria para onde essa interlocução levaria. "Tu me ajuda com a pesquisa?", ela pediu, numa conversa que me soa hoje mais ou menos assim:

Mas em vez disso, eu disse:

O caso é que nos últimos anos tenho pesquisado narrativas sobre aborto voluntário e notado que muitas mulheres com essa experiência se sentem interpeladas a justificar sua recusa à maternidade, mesmo quando pontual ou temporária (já que muitas são mães ou ainda virão a sê-lo). Essa é uma questão que aparece também na pesquisa que Ana Luiza de Figueiredo Souza[66] realiza com comunidades on-line de mulheres que não querem ser mães: os discursos sobre essa decisão elaboram muito sobre o que seria "ser mãe" para elas e, então, apresentam as razões para recusar esta possibilidade. Mas também – novamente como observou Ana Luiza – há espaço para dar sentido para a experiência da não maternidade em si mesma, legitimando outros estilos e projetos de vida e valorizando suas características.

Para analisar esse fenômeno na minha dissertação de mestrado em saúde pública,[67] na Fiocruz, usei a noção de *dispositivo da maternidade*, desenvolvida por teóricas feministas para compreender as "incitações, constrangimentos e restrições ao comportamento das mulheres na fusão entre o feminino e o maternal", para ficar nas palavras da cientista política brasileira Flavia Biroli[68]. Uma pesquisadora brasileira que se debruçou profundamente sobre essa noção foi a Valeska Zanello, no importante livro *Saúde mental, gênero e dispositivos: cultura e processos de subjetivação*.[69] Falar em *dispositivo* é abordar a questão da maternidade buscando identificar como ela vai sendo construída e entendida como um destino para as mulheres a partir da perpetuação de uma série de prescrições, expectativas e pressões sociais, até que pareça "natural". Mas existem outras formas de abordar o tema, que escolhem diferentes prismas, como o elemento compulsório dessa prescrição, a função que ocupa na reprodução do capitalismo, o mito do amor materno que ajuda a constituí-la, a romantização de seu papel e as críticas à universalização dessa análise, que adicionam interseccionalidade, articulando classe, raça e outros marcadores à questão de gênero.

Toda forma, a compreensão crítica da maternidade como um dispositivo ou um imperativo, que, no plano simbólico, idealiza esse lugar, ainda que no plano material precarize muitas existências, pode ser um vespeiro porque conforma algumas armadilhas.

Uma delas é a oposição que se tenta construir entre mulheres que não querem ter filhos e aquelas que os desejam. Quando Laura, uma das interlocutoras do livro, diz que quer uma vida em que possa "comer uma comida gostosa, tomar uma taça de vinho, marcar de encontrar amigas" e que por isso "absolutamente nada na maternidade me atrai", isso pode soar insensível para mulheres mães que não estão nem um pouco a fim de abrir mão de nada disso. Mas Laura não afirma essa impossibilidade como uma afronta a quem quer tornar tudo isso possível, e sim contra um modo de organizar a parentalidade e o trabalho que, em sua experiência, não deixa espaço para mais nada. Isso fica muito evidente nas palavras de Raíssa, que a partir da experiência de sua mãe e outras familiares conclui que "maternidade, para mim, é isso, abrir mão das coisas por uma criança, ninguém mais abre mão, só a gente". Existe uma expectativa de sacrifício que recai sobre um grupo específico de pessoas, as mães. E, se nossas experiências de vida endossam a materialização dessa expectativa – e suas violentas repercussões – e não estamos interessadas em cumpri-la, é absolutamente legítimo apontar que essa impossibilidade está construída, e que se pudermos vamos escapar por qualquer brecha. O problema não está em Laura e Raíssa apontarem não querer se sacrificar e se responsabilizar exclusivamente pelo cuidado dos filhos, e sim na constituição da maternidade como um espaço de esperado sacrifício e como a compulsória função de cuidar da vida no mundo. Por isso, a gente só pode começar a falar de autonomia efetivamente se conseguirmos posicionar a possibilidade de existir com direitos plenos para todas, tenham ou não filhos, apenas porque existimos todas como pessoas. Seja, inclusive, o direito de não "abrir mão das coisas", nas palavras da Raíssa, ou o de ter tempo para as amizades e recursos para comer bem e "tomar uma taça de vinho", como coloca Laura.

 É o capitalismo, junto com o patriarcado, que arma essa e outras arapucas. E a tarefa de desarmá-las é coletiva. Enquanto isso, as mulheres fazem o que podem e seria interessante dar mais atenção à expressão de suas recusas.

 O que eu não imaginava era que a experiência de colocar este livro no mundo seria tão mais intensa do que a laqueadura para a Bruna (e aqui estendo a vocês o privilégio da intimidade com a autora).

Ainda que sem a pretensão de realizar um empreendimento acadêmico™, ela executa uma honestíssima forma de se relacionar intelectualmente com um certo campo: *deixando-o falar*. Um motivo para isso, preciso admitir, se dá pela diferença de ritmo produtivo. Eu havia apenas começado a dividir algumas leituras, quando Bruna colocou o questionário no mundo e começou a entrevistar pessoas a respeito desse delicioso problema que é: o que desejam as mulheres que não querem ter filhos? Assim, as questões para a costura do livro passaram a se colocar *a partir* do que traziam essas pessoas e não em um exercício (muito menos interessante) de antecipação. E uso o termo *costura* de propósito: é uma verdadeira trama o que ela busca enredar relacionando as histórias de suas interlocutoras com sua escrita confessional. Além dos dados, pesquisas e teorias de que lança mão – às vezes com minha ajuda, às vezes como fruto exclusivo de suas obsessões intelectuais, conhecidas de quem acompanha seu trabalho, como é o caso dos embates com a psicologia evolucionista ou com Freud, ou quando aciona a mitologia grega para a narrativa.

Ao tentar amarrar essas histórias, encontrar seus nós apertados e reconhecer pontos de fuga difíceis de aproximar, a autora precisou recolocar o problema muitas vezes para si, pôr em xeque algumas certezas e se reposicionar diante do tema, se entendendo inclusive com a sua história familiar e o lugar que sua mãe ocupa nisso tudo. Estava em sua casa pesquisando alguns dados para o livro quando a escrita a levou para algum lugar de sua infância, pensando nas bonecas tão evocadas nas narrativas, e a imaginação a algum lugar da infância de sua mãe. A interlocução com algumas das entrevistadas que hoje não querem ter filhos também porque desde crianças precisaram de certa forma "maternar", ajudando ou assumindo o trabalho de cuidar de irmãos e irmãs, fez emergir uma empatia não exatamente comum no seu olhar para a relação com a sua genitora, que tivera uma infância também interrompida. Digamos que esse entendimento não tenha sido exatamente suave, ao contrário, posso afirmar que foi uma epifania convulsionada em lágrimas. Ali ela experimentou muito corporalmente duas máximas feministas que são caras ao que elabora neste livro: o pessoal é político e a dicotomia entre razão e emoção é uma falácia patriarcal.

Bruna sabe que se movimenta desde o lugar para o qual o tal ideal da maternidade foi construído: mulher branca, classe média, heterossexual. No entanto, as entrevistas com as mulheres que partilham essas características fazem ecoar a inadequação e a diversidade possível também nesse lugar. Já ao conversar com mulheres negras – Paula, Janaína, Thais e Raíssa – ela precisou racializar a sua experiência como mulher branca, identificando os privilégios que essa posição lhe confere[XXI] em relação à não maternidade – e a tanto mais na vida, diga-se. As experiências de Thais, lésbica, e Janaína, assexual, provocaram-na a refletir sobre como um papel voltado a conformar o lugar das mulheres na constituição de uma família normatizada pela heterossexualidade afeta também a existência de mulheres que escapam a essa norma. Ainda, ao dialogar com Marcelo, o único

---

[XXI] E a nossa, já que falo do mesmo lugar, à exceção da heterossexualidade.

homem trans que respondeu ao questionário, ela foi convidada a ampliar o entendimento sobre as dissidências que ela procura ressonar.

Relato a relato do livro, vamos sentindo aquilo que podemos saber também olhando para as nossas famílias: que se tornar mãe é muito diferente de se tornar pai na nossa sociedade, ou seja, "ter filhos" é uma experiência construída de forma muito distinta se você é homem ou mulher. Isso torna a maternidade uma categoria fundamental para pensar o sistema de gênero (esse jeitinho de existir muito cheio de prescrições sobre o que é uma boa mulher – muitas regras – e o que é um homem – em geral, qualquer coisa que se deseja ser). E também para pensar que a dissidência a esse sistema pode oferecer pontes entre o feminismo radical, o feminismo materialista, o ecofeminismo, o transfeminismo e a teoria queer. Se esse é um papel constituído como forma de explorar o trabalho reprodutivo e de cuidado das mulheres no capitalismo, organizado pelo sistema de gênero e marcado por desigualdade racial e social, todas as inadequações, inconformidades e revoltas contra ele são dissidências importantes. E sinto este livro profundamente comprometido com isso. Descortinar as violências do dispositivo da maternidade, assim como compreender e construir um vocabulário e uma prática de revolta contra ele, são conquistas na direção de todas as formas de emancipação em relação ao gênero. Em outras palavras, é melhor para todo mundo. Inclusive para os homens cis, se deixarem de ser uns folgados exploradores do trabalho reprodutivo das mulheres.

Superar essas relações marcadamente desiguais implica repensarmos a maternidade, a paternidade, a família, a divisão sexual do trabalho e tantas coisas mais que nos fizeram acreditar terem sido sempre assim. E pode levar a perguntar: não implicaria em superarmos a própria maternidade, a própria família, o próprio trabalho? Taí uma discussão que tem produzido mais tensões do que respostas. Mas é nesse incômodo que a gente pode construir algo além.

As ecofeministas têm operado nessa tensão, buscando produzir uma realocação do olhar e das práticas sobre o cuidado – ora como trabalho, ora como como uma ética compartilhada, e não reservada e cobrada apenas das mulheres. A economista chilena Cristina Carrasco Bengoa propõe[70] uma economia feminista latino-americana em que as tarefas de reprodução, essenciais para a continuidade da vida humana, sejam visibilizadas por renovadas teorias econômicas e transformadas por políticas públicas. Ela defende a necessidade de pensar a vida no centro da economia. Da mesma forma, a antropóloga, engenheira agrícola e ecofeminista espanhola Yayo Herrero reivindica o reconhecimento da ecodependência (e a necessidade de nos vermos como parte, e não à parte, da natureza) e da codependência (a necessidade de cuidarmos uns dos outros, todos) como eixos prioritários de novas relações sociais, superando o esquema atual que ignora o primeiro e que responsabiliza exclusivamente as mulheres pelo segundo. "O patriarcado nos atribui o papel de cuidadoras sem nos perguntar", ela provoca,[71] apontando que essa posição nos confere a possibilidade de protagonismo para reivindicar uma ética do cuidado socializado. Já a socióloga maia-quiché guatemalense, Gladys Tzul Tzul, busca cartografar experiências de outras formas de organização junto a comunidades indígenas da América

Central e dos Andes, em que identifica esse protagonismo e também uma redistribuição do cuidado compartilhado, não sem contradições, como ressalva no artigo *La forma comunal de la resistencia*.[72]

O desejo que fica é o de que a tarefa coletiva de pôr abaixo esse mecanismo de controle invente outras formas de nos relacionarmos com a parentalidade, com o trabalho (seja o de cuidado ou os outros), com a economia, com a vida, com o que nos é comum e o que nos torna diversos. E, mesmo nesse mundo – ou, melhor: para que esse mundo possa ser inventado –, precisa ser possível que uma mulher não tenha filhos sem que isso se volte contra ela. Aliás, é preciso que uma mulher também possa ter filhos sem que isso se volte contra ela. No fim das contas, é preciso que uma mulher possa existir sem que isso se volte contra ela!

Por mais distintos que possam parecer os livros de Bruna Maia, entendo todos como parte do mesmo esforço de dar vazão e legitimidade à fúria das mulheres. Agora, sua verborragia se volta ao enfurecimento absolutamente compreensível de mulheres que não querem ser mães em um mundo que as convoca insistentemente a esse papel. E em que, se o direito de o recusar não está estabelecido, tampouco está garantida dignidade para aquelas que se aventuram nele. O primeiro título desse livro era para ser *Simplesmente não quero*, mas o percurso de realizá-lo mostrou que isso, hoje, não é tão simples assim. Pois que o seja! E que o seja para todas, como uma das muitas formas de um amplo e diverso repertório de possibilidades de existir.

CADERNO DE REFERÊNCIAS

INTRODUÇÃO

[1] MAIA, Bruna. **Com todo o meu rancor**. Rio de Janeiro: Editora Rocco, 2022.

[2] Um exemplo é a conta Mãe Arrependida, de Karla Tenório. MÃE ARREPENDIDA. [S.l.], 2023. Instagram: @maearrependida. Disponível em: https://www.instagram.com/maearrependida/. Acesso em: 12 set. 2023.

[3] A pesquisadora e escritora brasileira branca Ana Luiza de Figueiredo Souza escreveu o livro *Ser mãe é f*d@!: mulheres, (não) maternidade e mídias sociais* (2022a), no qual apresentou uma aprofundada análise de interações, posicionamentos e discussões entre mulheres sobre maternidade e não maternidade em diversos sites e mídias sociais.

[4] Nanda Isele Gallas Duarte é mestre em Saúde Pública (2019) e especialista em Gênero, Sexualidade e Direitos Humanos (2017) pela ENSP/Fiocruz e graduada em Comunicação Social – Jornalismo pela UFRGS (2006).

01.

[5] A socióloga Marília Moschkovich reflete sobre o conceito de mãe e o que ele significa em seu vídeo *Mãe é uma categoria-prisão*. Ela ressalta que a categoria abarca várias coisas distintas – gestar, parir, cuidar. Contudo, é a pressão social sobre quem é enquadrado nela que atravessa todas essas atividades. MOSCHKOVICH, Marília. **Série Maternidade – #1 – Mãe é uma categoria-prisão**. São Paulo, 20 maio 2019. 1 vídeo (5min46s). Publicado por Marília Moschkovich. Disponível em: https://www.youtube.com/watch?v=ooBdfEwZLKA. Acesso em: maio 2023.

[6] GUZZO, Morgani. Gestando a vida sentenciada à morte. O direito ao aborto como meio de salvar a vida das gestantes de alto risco. **Catarinas**, [S.l.], 27 set. 2022. Disponível em: https://catarinas.info/gestando-vida-sentenciada-a-morte/ Acesso em: 12 set. 2023.

03.

[7] MCKINNON, Susan. **Genética neoliberal**: uma crítica antropológica da psicologia evolucionista. São Paulo: Ubu Editora, 2021.

[8] THOMPSON, Clive. The gendered history of human computers. **Smithsonian Magazine**, Washington, D.C., jun. 2019. Disponível em: https://www.smithsonianmag.com/science-nature/history-human-computers-180972202/ Acesso em: 14 set. 2023.

[9] MILLET, Kate. **Sexual Politics**. Champaign: University of Illinois Press, 2000.

[10] FIRESTONE, Shulamith. **A dialética do sexo**. Rio de Janeiro: Editorial Labor do Brasil, 1975.

[11] BUTLER, Judith. **Problemas de gênero:** feminismo e subversão da identidade. Rio de Janeiro: Civilização Brasileira, 2018.

04.

[12] ZANELLO, Valeska. **Saúde mental, gênero e dispositivos**: cultura e processos de subjetivação. Curitiba: Appris, 2018.

[13] SILVA, Carmen da; CIVITA, Laura Taves (org.). **O melhor de Carmen da Silva**. Rio de Janeiro: Rosa dos Tempos, 1994.

[14] STRÖMQUIST, Liv. **A rosa mais vermelha desabrocha**: o amor nos tempos do capitalismo tardio ou por que as pessoas se apaixonam tão raramente hoje em dia. São Paulo: Quadrinhos na Cia, 2021.

[15] PACHECO, Ana Claudia Lemos (2013) apud ZANELLO, Valeska. **Saúde mental, gênero e dispositivos**: cultura e processos de subjetivação. Curitiba: Appris, 2018.

[16] HOOKS, bell. **Tudo sobre o amor:** novas perspectivas. São Paulo: Elefante, 2021.

05.

[17] COSTAL, Inês. Estudo expõe desigualdades que marcam quadro de mães adolescentes. **Fundação Oswaldo Cruz**, Salvador, 10 abr. 2023. Disponível em: https://portal.fiocruz.br/noticia/estudo-expoe-desigualdades-que-marcam-quadro-de-maes-adolescentes-no-pais. Acesso em: 12 set. 2023.

[18] GONZALEZ, Lélia; RIOS, Flavia; LIMA, Márcia (org.). **Por um feminismo afro-latino-americano**: ensaios, intervenções e diálogos. Rio de Janeiro: Zahar, 2020.

[19] IBGE. Coordenação de População e Indicadores Sociais. **Síntese de indicadores sociais**: uma análise das condições de vida da população brasileira: 2019. Rio de Janeiro: IBGE, 2019. Disponível em: https://biblioteca.ibge.gov.br/visualizacao/livros/liv101678.pdf.

[20] EUROPEAN COMISSION. The gender pay gap situation in the EU. [S.l.], 2022. Disponível em: https://commission.europa.eu/strategy-and-policy/policies/justice-and-fundamental-rights/gender-equality/equal-pay/gender-pay-gap-situation-eu_en Acesso em: 14 set. 2023..

[21] KLEVEN, Henrik *et al*. Child penalties across countries: evidence and explanations. **AEA Papers and Proceedings**, Nashville, v. 109, p. 122-126, 2019. Disponível em: https://www.aeaweb.org/articles?id=10.1257/pandp.20191078. Acesso em: 14 set. 2023.

[22] KLEVEN, Henrik; LANDAIS, Camille; SOGAARD, Jakob Egholt. "Does Biology Drive Child Penalties? Evidence from Biological and Adoptive Families." **American Economic Review**: Insights, Nashville, n. 3, v. 2, 2021, p. 183-98.

[23] HAKIM, Catherine. **Key issues in women's work:** female heterogeneity and the polarisation of women's employment. Londres: The Athlone Press, 1996.

[24] FUNDAÇÃO GETÚLIO VARGAS. Think Tank FGV. **Mulheres perdem trabalho após terem filhos.** São Paulo, 14 fev. 2019. 1 vídeo (45s). Publicado por FGV. Disponível em: https://www.youtube.com/watch?v=Ymh0pjaP8pM. Acesso em: 12 set. 2023.

[25] FEDERICI, Silvia. **O calibã e a bruxa**: mulheres, corpo e acumulação primitiva. São Paulo: Editora Elefante, 2017.

[26] SOUZA, Daiane. População escrava do Brasil é detalhada em Censo de 1872. **Fundação Cultural Palmares**, Brasília, 12 jun. 2023. Disponível em: https://www.gov.br/palmares/pt-br/assuntos/noticias/populacao-escrava-do-brasil-e-detalhada-em-censo-de-1872#:~:text=Segundo%20o%20documento%20eram%20176.057,primeiros%20grupos%20de%20imigrantes%20europeus. Acesso em: 12 set. 2023.

[27] IBGE. **Pesquisa Nacional de Amostra por Domicílio Avançada (PNAD) referente ao primeiro trimestre de 2023**. Rio de Janeiro: IBGE, 2023. Disponível em: https://biblioteca.ibge.gov.br/visualizacao/periodicos/2421/pnact_2023_1tri.pdf. Acesso em: 12 set. 2023.

[28] BATALHA, Martha. **A vida invisível de Eurídice Gusmão**. São Paulo: Companhia das Letras, 2016.

06.

[29] BADINTER, Elisabeth. **Um amor conquistado**: o mito do amor materno. Rio de Janeiro: Nova Fronteira, 1985.

[30] Ibidem.

[31] WERNECK, Jurema. Ou belo ou o puro? Racismo, eugenia e novas (bio)tecnologias. *In:* ROTANIA, Alejandra Ana. **Sob o signo das bios**: vozes críticas da sociedade civil. Rio de Janeiro: E-papers Serviços Editoriais, 2004.

07.

[32] STRÖMQUIST, Liv. **A origem do mundo**: uma história cultural da vagina ou a vulva vs o patriarcado. São Paulo: Quadrinhos na Cia, 2018.

[33] FEDERICI, Silvia. **O calibã e a bruxa**: mulheres, corpo e acumulação primitiva. São Paulo: Editora Elefante, 2017.

[34] HENDAL, Gomes; BOECHAT, Jacqueline. Ignaz Semmelweis: as lições que a história da lavagem das mãos ensina. **Casa de Oswaldo Cruz**, Rio de Janeiro, 14 abr. 2020. Disponível em: https://coc.fiocruz.br/index.php/pt/todas-as-noticias/1771-ignaz-semmelweis-as-licoes-que-a-historia-da-lavagem-das-maos-ensina.html#:~:text=Semmelweis%20ordenou%20que%20todos%20lavassem,na%20Enciclop%C3%A9dia%20Brit%C3%A2nica%20(1956). Acesso em: 12 set. 2023.

[35] ZANELLO, Valeska. **Saúde mental, gênero e dispositivos**: cultura e processos de subjetivação. Curitiba: Appris, 2018.

08.

[36] MILLET, Kate. **Sexual politics**. Champaign: University of Illinois Press, 2000.

[37] FREUD, Sigmund. Algumas consequências distintas das diferenças anatômicas entre os sexos (1925). *In*: FREUD, Sigmund. **Amor, sexualidade, feminilidade**. Belo Horizonte: Autêntica, 2019, p. 259-276.

[38] BEAUVOIR, Simone. **O segundo sexo:** v.1. fatos e mitos. Rio de Janeiro: Nova Fronteira, 2009.

[39] FREUD, Sigmund. A feminilidade (1993) (Conferência XXXIII). In: FREUD, Sigmund. **Amor, sexualidade, feminilidade**. Belo Horizonte: Autêntica, 2019.

[40] FREUD, Sigmund. Algumas consequências distintas das diferenças anatômicas entre os sexos (1925). *In*: Freud, Sigmund; Moraes, Maria Rita Salzano de. **Amor, sexualidade, feminilidade**. Belo Horizonte: Autêntica, 2019, p. 259-276.

[41] FREUD, Sigmund. **Obras completas, volume 6**: três ensaios sobre a teoria da sexualidade, análise fragmentária de uma histeria ("O caso Dora") e outros textos (1901-1905). São Paulo: Companhia das Letras, 2016.

[42] STRÖMQUIST, Liv. **A origem do mundo:** uma história cultural da vagina ou a vulva vs o patriarcado. São Paulo: Quadrinhos na Cia, 2018.

09.

[43] BERNARDES, Luísa Sousa; LARA, Gabriela Bárbara de Oliveira; D'AVILA, Adelaide Maria Ferreira Campos *et al*. Gravidez ectópica tubária gemelar unilateral: relato de caso. **Revista Médica de Minas Gerais**, Belo Horizonte, v. 28 (suppl. 5), p. 214-217, 2018. Disponível em: <https://rmmg.org/artigo/detalhes/2459#:~:text=A%20gravidez%20ect%C3%B3pica%20ocorre%20quando,de%20aproximadamente%202%25%20das%20gesta%C3%A7%C3%B5es>. Acesso em: 24 jul. 2023.

[44] SUAREZ, Joana. 90% dos abortos atendidos pelo SUS são feitos com procedimento ultrapassado. **Revista Azmina**, [S.l.], 21 set. 2022. Disponível em: https://azmina.com.br/reportagens/abortos-atendidos-pelo-sus-sao-feitos-com-procedimento-ultrapassado/. Acesso em: 12 set. 2023.

[45] ERNAUX, Annie. **O acontecimento**. São Paulo: Fósforo, 2022.

[46] ADVANCING NEW STANDARDS IN REPRODUCTIVE HEALTH. **The Turnaway Study**. São Francisco, [2023?]. Disponível em: https://www.ansirh.org/research/ongoing/turnaway-study. Acesso em: 14 set. 2023.

[47] DUARTE, Nanda Isele Gallas. **O dispositivo da maternidade em tensão**: a polifonia das narrativas sobre aborto provocado em uma comunidade online. Dissertação (Mestrado) – Fundação Oswaldo Cruz, Escola Nacional de Saúde Pública Sergio Arouca, Rio de Janeiro, 2019.

[48] DINIZ, Débora; MEDEIROS, Marcelo; MEDEIRO, Alberto. Aborto no Brasil: uma pesquisa domiciliar com técnica de urna. **Ciência & Saúde Coletiva**, Rio de Janeiro, v. 1, n. 15, p. 959-966, 2010. Disponível em: https://www.scielo.br/j/csc/a/pYSRDGw6B3zPsVJfDJSzwNt/. Acesso em: 14 set. 2023.

[49] DINIZ, Débora; MEDEIROS, Marcelo; MEDEIRO, Alberto. Pesquisa Nacional de Aborto. **Ciência & Saúde Coletiva**, Rio de Janeiro, v. 2, n. 22, p. 653-660, 2017. Disponível em: https://www.scielo.br/j/csc/a/8LRYdgSMzMW4SDDQ65zzFHx/. Acesso em: 14 set. 2023.

[50] DINIZ, Débora; MEDEIROS, Marcelo; MEDEIRO, Alberto. National Abortion Survey – Brazil, 2021. **Ciência & Saúde Coletiva**, Rio de Janeiro, v. 28, n. 6, p. 1601-1606, 2023. Disponível em: https://www.scielo.br/j/csc/a/mDCFKkqkyPbXtHXY9qcpMqD/?format=pdf&lang=en. Acesso em: 14 set. 2023.

[51] GALLO, Mel Bleil. Narrativas aborteiras: ressignificando o "direito ao aborto". *In*: SEMINÁRIO INTERNACIONAL FAZENDO GÊNERO 12. Florianópolis, 2021. **Anais eletrônicos** [...]. Florianópolis: Universidade Federal de Santa Catarina, 2021. Disponível em: https://www.fg2021.eventos.dype.com.br/trabalho/view?ID_TRABALHO=5481. Acesso em: 15 set. 2023..

[52] ROSS, Loretta J. Conceptualizing Reproductive Justice Theory: a manifest for activism. In: ROSS, Loretta *et al*. **Radical Reproductive Justice**: foundations, theory, practice, critique. Nova York: Feminist Press, 2017.

[53] LOPES, Fernanda. Os direitos sexuais e reprodutivos das mulheres negras. **Nexo Jornal**, [S.l.], 28 maio 2019. Disponível em: https://www.nexojornal.com.br/ensaio/2019/Os-direitos-sexuais-e-reprodutivos-das-mulheres-negras. Acesso em: 14 set. 2023.

10.

[54] DELBAERE, Ilse *et al*. Knowledge about the impact of age on fertility: a brief review. Upsala Journal of Medical Sciences, [S.l.], v. 125, n. 2, p. 167-174, 2020. Disponível em: https://www.ncbi.nlm.nih.gov/pmc/articles/PMC7721003/pdf/IUPS_125_1707913.pdf. Acesso em: 15 set. 2023.

[55] CASCANTE, Sandra Druckenmiller *et al*. Fifteen years of autologous oocyte thaw outcomes from a large university-based fertility center. **Fertility and Sterility**. v. 118, n. 1, p. 158 – 166, 2022. Disponível em <https://www.sciencedirect.com/science/article/pii/S0015028222002540>. Acesso em: 15 set. 2023.

[56] MAIA, Bruna. Congelamento de óvulos: o mercado de "seguro-maternidade". **Você S/A**, [S.l.], 15 jun. 2022. Disponível em: https://vocesa.abril.com.br/carreira/congelamento-de-ovulos-o-mercado-de-seguro-maternidade/. Acesso em: 15 set. 2023.

11.

[57] IBGE. Coordenação de Trabalho e Rendimento. **Outras formas de trabalho**: 2019. Rio de Janeiro: IBGE, 2020. Disponível em: https://biblioteca.ibge.gov.br/index.php/biblioteca-catalogo?view=detalhes&id=2101722. Acesso em: 15 set. 2023.

[58] FONTOURA, Natália; ARAÚJO, Clara et al. (org.). **Uso do tempo e gênero**. Rio de Janeiro: UERJ, 2016. Disponível em: https://www.onumulheres.org.br/wp-content/uploads/2016/04/uso_do_tempo_e_genero.pdf. Acesso em: 15 set. 2023.

12.

[59] FERRANTE, Elena. **A amiga genial**. São Paulo: Biblioteca Azul, 2011.

FERRANTE, Elena. **História do novo sobrenome**. São Paulo: Biblioteca Azul, 2012.

FERRANTE, Elena. **História de quem foge e fica**. São Paulo: Biblioteca Azul, 2013.

FERRANTE, Elena. **História da menina perdida**. São Paulo: Biblioteca Azul, 2014.

[60] HOOKS, bell. **Tudo sobre o amor:** novas perspectivas. São Paulo: Elefante, 2021.

[61] HARAWAY, Donna. Making kin in the Chthulucene: reproducing multispecies justice. *In*: CLARKE, Adele E.; HARAWAY, Donna (org.). **Making kin not population**. Chicago: Prickly Paradigm Press, 2018.

13.

[62] HARAWAY, Donna. Making kin in the Chthulucene: reproducing multispecies justice; justice. *In*: CLARKE, Adele E.; HARAWAY, Donna (org.). **Making kin not population.** Chicago: Prickly Paradigm Press, 2018.

[63] GIMBUTAS, Marija. **The Civilization of the Godess**: the World of Old Europe. Nova York: HarperCollins Publishers, 1991.

[64] ELLER, Cynthia. **The Myth of Matriarchal Prehistory**: Why an Invented Past Won't Give Women a future. Boston: Beacon Press, 2001.

CONCLUSÃO

[65] FIGUEIREDO, Ana Luiza de Souza. @naonasci_prasermae: tentativas de significar a não maternidade por meio de comunidades online. *In*: 31º ENCONTRO ANUAL DA COMPÓS. Imperatriz, 2022. Anais eletrônicos [...]. Imperatriz: Universidade Federal do Maranhão, 2022, p. 1-21. Disponível em: https://proceedings.science/compos/compos-2022/trabalhos/at-naonasci-prasermae-tentativas-de-significar-a-nao-maternidade-por-meio-de-com?lang=pt-br#. Acesso em: 15 set. 2023.

POSFÁCIO

[66] FIGUEIREDO, Ana Luiza de Souza. @naonasci_prasermae: tentativas de significar a não maternidade por meio de comunidades online. *In*: 31º ENCONTRO ANUAL DA COMPÓS. Imperatriz, 2022. Anais eletrônicos [...]. Imperatriz: Universidade Federal do Maranhão, 2022, p. 1-21. Disponível em: https://proceedings.science/compos/compos-2022/trabalhos/at-naonasci-prasermae-tentativas-de-significar-a-nao-maternidade-por-meio-de-com?lang=pt-br#. Acesso em: 15 set. 2023.

[67] DUARTE, Nanda Isele Callas. **O dispositivo da maternidade em tensão**: a polifonia das narrativas sobre aborto provocado em uma comunidade online. 2019. Dissertação (Mestrado em Saúde Pública) - Escola Nacional de Saúde Pública Sergio Arouca, Fundação Oswaldo Cruz, Rio de Janeiro, 2019.

[68] BIROLI, Flavia; MIGUEL, Luis Felipe. Aborto, justiça e autonomia. *In*: BIROLI, Flavia; MIGUEL, Luis Felipe. **Aborto e democracia**. São Paulo: Alameda Editorial, 2016, p. 17-46.

[69] ZANELLO, Valeska. **Saúde mental, gênero e dispositivos**: cultura e processos de subjetivação. Curitiba: Appris, 2018.

[70] BENGOA, Cristina Carrasco. La economía feminista: una apuesta por otra economía. *In:* VARA, María Jesús (org.). **Estudios sobre género y economía**. Madrid: Akal, 2006, p. 29-62 apud Dossiê do Laboratório de Teorias e Práticas Feministas - PACC/UFRJ. Uma bibliografia feminista latino-americana contemporânea comentada. **Revista Terceira Margem**, v. 26, n. 48, 2022. Disponível em: https://revistas.ufrj.br/index.php/tm/issue/download/2098/1350. Acesso em: 15 set. 2023.

[71] HERRERO, Yayo. "O patriarcado nos atribui o papel de cuidadoras sem nos perguntar". Entrevista com Yayo Herrero. Entrevista concedida a Nuria Verde. **Instituto Humanitas Unisinos**, São Leopoldo, 2021. Disponível em: https://www.ihu.unisinos.br/categorias/615156-o-patriarcado-nos--atribui-o-papel-de-cuidadoras-sem-nos-perguntar-entrevista-com-yayo-herrero. Acesso em: 15 set. 2023.

[72] TZUL, Gladys Tzul. La forma comunal de la resistencia. **Revista de la Universidad de México**, Cidade do México, v. 1, n. 3, p. 105-111, 2019. Disponível em: https://www.revistadelauniversidad.mx/articles/7a052353--5edf-45fe-a7ab-72c6121665b4/la-forma-comunal-de-la-resistencia. Acesso em: 15 set. 2023.

Agradecimentos

Todo mundo que respondeu ao formulário foi importante para a compreensão das várias questões que cercam esse assunto tão presente e ainda assim pouco visível. As vinte pessoas que entrevistei foram muito generosas e corajosas ao dividir comigo suas experiências e sentimentos. A equipe da Editora Nacional foi extremamente competente e cuidadosa em todas as etapas da publicação do livro. A pesquisadora Nanda Duarte foi essencial para que essa longa narrativa parasse em pé. Nanda foi, e é, uma importante interlocutora intelectual e emocional para esse trabalho e para tantas outras questões. Nesse momento, há um grande grupo de mulheres organizadas politicamente para lutar por direitos reprodutivos. A ~~todas e~~ A todas, todes e todos, muito obrigada.

Este livro foi composto nas fontes Skolar e Spinat
pela Editora Nacional em outubro de 2023.
Impressão e acabamento pela Gráfica Leograf.